DR. OETKER

die schnelle MIKROWELLE

Wir danken folgenden Firmen für die freundliche Unterstützung: Gruner & Jahr, Hamburg

Titelgestaltung Werbe-Agentur Karnat, Borgholzhausen
Redaktion Gisela Knutzen
Fotografie:
Titel- und Kapitel-Doppelseiten Brigitte Wegner, Bielefeld
Innenfotos Brigitte Wegner, Bielefeld
Thomas Diercks, Hamburg
Christiane Pries, Borgholzhausen
Satz Hanke & Pettke GmbH, Bielefeld
Reproduktionen Schmidt & Kuckelke, Schwerte
Druck Mohn-Druck, Gütersloh

ISBN 3-7670-0415-1

DR. OETKER

die schnelle MIKROWELLE

Aufläufe, Suppen, Eintöpfe

Ceres-Verlag
Rudolf-August Oetker KG
Bielefeld

Freunde würziger Aufläufe, pikanter Suppen und kräftiger Eintöpfe kommen voll auf ihre Kosten. Sie finden in diesem Buch eine Auswahl besonders schmackhafter und vitaminreicher Gerichte; schonend, energie- und zeitsparend in jedem Mikrowellenherd zuzubereiten.

Suppen Seite 42–

Eintöpfe Seite 72–105

Aufläufe Seite 14–41

Ratgeber

Seite 6–13

Ratgeber

Der Mikrowellenherd

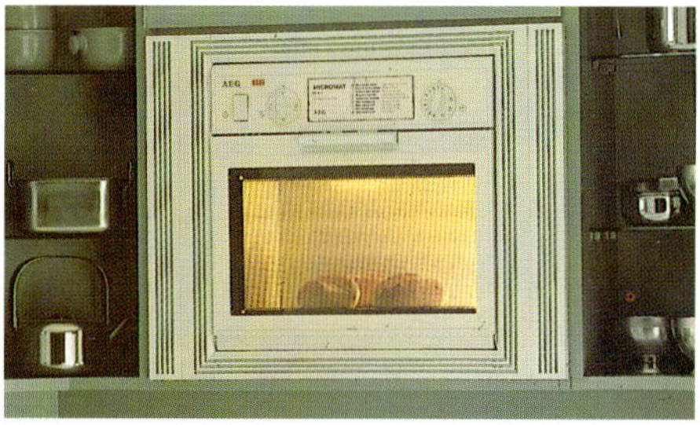

Er ist die ideale Ergänzung zum konventionellen Herd und garantiert ein schonendes, energie- und zeitsparendes Auftauen, Erhitzen und Garen von Lebensmitteln.

Mikrowellen sind nahe Verwandte von Radio- und Fernsehwellen. Sie gehören zur Familie der elektromagnetischen Wellen aus dem Hochfrequenzbereich.
Diese Wellen sind in der Lage, auf drahtlosem Wege Energie zu übertragen.
Mit Hilfe des Magnetrons, des wichtigsten Bestandteils eines Mikrowellenherdes, wird der Strom in elektromagnetische Wellen – Mikrowellen – umgewandelt.

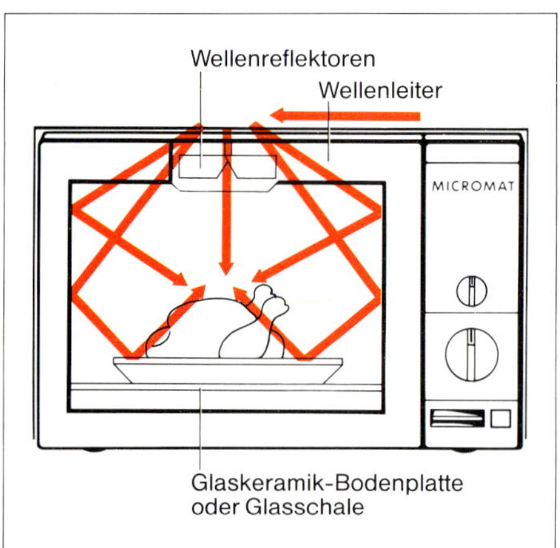

Sie werden über einen Kanal in den Garraum geleitet und dort gleichmäßig verteilt.
Wände, Decken und Boden des Garraums bestehen aus Metall, das die Mikrowellen gut reflektiert.
Bei vielen Herden ist diese Metallausstattung zusätzlich kunststoffbeschichtet oder lackiert.

Etwas erhöht am Boden des Garraums ist eine Glas- oder Keramikplatte oder ein Drehteller angebracht, so daß die Mikrowellen nicht nur von oben und von den Seiten, sondern auch von unten in das Gargut eindringen können.

Für die gleichmäßige Verteilung der Mikrowellen im Garraum sorgen ein Reflektor, eine Antenne und/oder ein Drehteller. Die Tür eines Mikrowellenherdes besteht aus einem mehrschichtigen Sichtfenster mit einem Drahtgitter oder Lochblech. Durch dieses engmaschige Gitter werden auch an der Tür die Mikrowellen vollständig reflektiert.
Im Handel erhältlich sind Mikrowellenherde mit einem Garraum-Volumen von 11 bis etwa 30 Litern.
In der Regel ist es empfehlenswert, bei zunehmender Haushaltsgröße ein Gerät mit größerem Volumen und höherer Ausgangsleistung anzuschaffen.

Angeboten werden Mikrowellenherde von 500 bis 750 Watt und mehr Ausgangsleistung. Je höher die Ausgangsleistung eines Herdes ist, desto kürzer ist in vielen Fällen die Ankochzeit.

Um einen Mikrowellenherd optimal zum Garen und Auftauen nutzen zu können, sollte die Ausgangsleistung mehrstufig oder stufenlos regelbar sein. Denn damit kann die Leistung an jede Lebensmittelart und -menge individuell angepaßt werden.

So arbeiten Mikrowellen

Die Mikrowellen dringen während des Garvorganges in das Lebensmittel ein. Sie erzeugen ohne Zwischenträger direkt unter der Oberfläche Wärme, indem sie die Moleküle der Lebensmittel in Schwingung versetzen. Die dadurch hervorgerufene Reibungswärme breitet sich im Lebensmittel aus, so daß Speisen aufgetaut, erhitzt oder gegart werden.
Wie schnell im Mikrowellenherd gegart wird, hängt sehr stark von Menge, Beschaffenheit und Form des Gargutes ab. Weil die Wärme beim Garen mit Mikrowellen nicht an allen Stellen gleichzeitig erzeugt wird, ist es wichtig, daß die zu erhitzenden Speisen – vor allem bei größeren Mengen – umgerührt oder gewendet werden.
Da bei dieser Garmethode die Wärme im Lebensmittel selbst entsteht und nicht durch Zwischenträger (Fett oder Wasser) übertragen wird, ist eine nährstoffschonende Garweise möglich. Vitamine und Mineralstoffe bleiben im Lebensmittel erhalten und werden nicht – wie bei der konventionellen Kochweise – ausgeschwemmt.

Das Mikrowellen-Geschirr

Geeignet sind alle Geschirr-Arten, die einen direkten Durchgang der Mikrowellen zum Kochgut ermöglichen. Dazu gehören feuerfestes und normales Glas (außer Kristall, das meist Blei enthält und deshalb im Mikrowellen-Gerät springen kann), Porzellan (ohne Metall-Dekor/Goldrand) und Keramik. Bemalte Keramik (Steingut) aber nur, wenn sich das Muster unter der Glasur befindet.

Darüber hinaus wird im Fachhandel ein spezielles Bräunungsgeschirr für Mikrowellen-Geräte angeboten, das aber auch über die Geräte-Hersteller zu beziehen ist.

Ratgeber

Dieses Geschirr hat einen Wärmespeicherkern im Boden, der sich stark erhitzt, wenn das Geschirr leer vorgeheizt wird.
Die Vorheizzeiten sind unterschiedlich lang und richten sich nach der Größe des Bräunungs-Geschirrs und nach der Speise.
Bitte achten Sie darauf, daß Geschirr außerhalb des Gerätes immer auf einen Metall-Untersatz oder -fläche gestellt wird, da der Boden des Geschirrs sehr heiß wird.

Ebenfalls speziell für Mikrowellen-Geräte gibt es ein hitzebeständiges Kunststoff-Geschirr, das auch im Fachhandel angeboten wird.

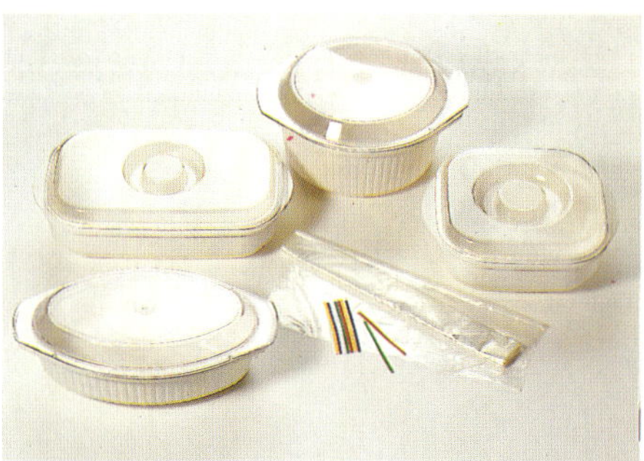

Bedingt mikrowellengeeignet sind auch Aluminiumschalen.
Fertiggerichte werden meistens in Aluschalen angeboten. Sie können darin erhitzt werden (s. dazu Firmen-Gebrauchsanweisungen), allerdings ohne Deckel.

Wichtig dabei ist, daß die Folie die Seitenwände des Gerätes nicht berührt und der Aluschalenrand nicht höher als 2 cm ist.

Auch Bratfolie – allerdings ohne Metall-Verschluß – eignet sich als Behälter für das Mikrowellengerät. Der Folienbeutel wird mit einem festen Bindfaden so sorgfältig verschlossen, daß sich der Faden während des Garens nicht lösen kann.
Ungeeignet für ihre Mikrowellen-Gerät sind alle Geschirr-Arten aus Metall oder mit Metall-Auflage (Dekor).
Mikrowellen werden von Metall reflektiert und verhindern somit den Kochvorgang.

Praktische Tips

Behandeln Sie Ihren Mikrowellenherd wie den konventionellen Herd. Schalten Sie ihn nur ein, wenn er Lebensmittel zum Auftauen, Erhitzen oder Garen enthält, so wird keine Energie verschwendet.

Benutzen Sie nur mikrowellengeeignetes Geschirr, also Glas, Porzellan, Keramik oder Steingut. Metallgeschirr oder metallhaltige Gefäße gehören nicht in den Mikrowellenherd, da diese Geschirr-Arten die Mikrowellen reflektieren und nicht an das Gargut heranlassen.

Um den Lebensmitteln eine zarte Bräune zu geben, sollten Sie das Bräunungsgeschirr einsetzen. Es wird immer vorgeheizt, je nach Lebensmittel unterschiedlich lang, siehe Rezeptangaben.

Grundsätzlich sollten alle Speisen im Mikrowellenherd genau wie auf der herkömmlichen Kochstelle abgedeckt werden, um ein Austrocknen und eventuell Verfärben der Oberfläche zu vermeiden. Gleichzeitig wird ein Verschmutzen des Garraumes durch Fettspritzer o. ä. verhindert.

Unbedeckt erhitzt werden lediglich panierte Fleisch- und Fischgerichte, damit die Panade fest und knusprig bleibt. Auch andere Speisen, die eine Kruste erhalten oder behalten sollen, sollten unbedeckt gegart werden.

Gefäße ohne passenden Deckel können Sie mit einem Teller, einer umgedrehten Schüssel oder mikrowellengeeigneter Folie abdecken.

Es ist ratsam, alle Speisen während des Erhitzens oder Garens ein- bis zweimal umzurühren oder zu wenden, damit die Temperaturunterschiede im Gargut ausgeglichen werden.

Lassen Sie die Speisen nach dem Erhitzen oder Garen noch einige Minuten außerhalb des Herdes stehen, damit sich die Wärme in den Lebensmitteln besser verteilen kann.

Die Gardauer einer Speise ist abhängig von der Menge, der Art und der Beschaffenheit (z. B. dem Wasser- und Fettgehalt) der Lebensmittel.

Je größer die zu garende Menge ist, umso länger ist die Gardauer.

Faustregel: Doppelte Menge des Gargutes erfordert auch die etwa doppelte Garzeit.

Bemessen Sie die Garzeit eher etwas knapper. Stellen Sie bei Bedarf noch Zeit nach.

Speisen, die direkt aus dem Kühlschrank kommen, benötigen eine längere Erhitzungs- und Garzeit als Speisen von Zimmertemperatur.

Die Flüssigkeitszugabe bei den Speisen ist je nach Gargut unterschiedlich, in jedem Fall aber geringer als auf der konventionellen Kochstelle (Beachten Sie die Angaben in den Rezepten).

Ratgeber

Einige Speisen können sogar völlig ohne Flüssigkeitszugabe gegart werden.

Füllen Sie die Gefäße zum Erhitzen von Flüssigkeiten nur bis zu etwa 2/3 voll, damit beim Garen ein Überlaufen der Flüssigkeit vermieden wird.

Ideal zum Binden von Suppen oder Saucen ist ein Fett-Mehl-Kloß. Dafür werden Mehl und Butter/Margarine zu einem Kloß verrührt und mitgegart.

Besonders bei Gemüse sind die Garzeiten abhängig von der Frische und Qualität. Zarte Sommergemüse garen z. B. bedeutend schneller als Wintergemüse, das länger gelagert wird. Hierfür können sich die Garzeiten mehr als verdoppeln.

Da die Garzeit vom Gemüse auch von der Stückgröße abhängig ist, ist es sinnvoll, das Gemüse in einheitlich kleine Stücke zu schneiden, damit es schneller und gleichmäßiger gart.

Tiefgekühltes Gemüse grundsätzlich wie frisches Gemüse behandeln, d. h. nicht zuerst auftauen, sondern in einem Arbeitsgang auftauen und garen.

Lassen Sie ihr Gemüse nicht zu weich garen, es verliert dadurch an Vitaminen und Geschmacksstoffen.

Zum Garen von Aufläufen eignen sich flache, breite Formen besser als hohe, schmale Gefäße.

Der Umgang mit den Rezepten

Wie bereits erwähnt, sind Mikrowellenherde mit Ausgangsleistungen von 500 bis 750 Watt und mehr im Handel erhältlich.
Wir haben *jedes* der nachfolgenden Rezepte für –
für 500 Watt-Herde
(Ausgangsleistung)
für 600/650 Watt-Herde
(Ausgangsleistung)
für 700/750 Watt-Herde
(Ausgangsleistung)
erarbeitet.

Die Zutaten sind in der Reihenfolge des Arbeitsablaufes aufgeführt.
Bei den zu verarbeitenden Lebensmitteln

sind jeweils genaue Mengen angegeben, lediglich bei Gewürzen und Suppengrün als würzende Zutat wurde darauf verzichtet. Das bleibt dem persönlichen Geschmack überlassen.

Wichtig:

Werden die Zutatenmengen erhöht oder reduziert, verändern sich auch die angegebenen Garzeiten. Empfehlenswert ist es, die Zutaten (vor allem Gemüse und Fleisch) in gleichgroße Stücke zu schneiden, damit die Speise gleichmäßig garen kann.

Die in der rechten Zubereitungsspalte der Rezepte grau unterlegten Einstellungen und Garzeiten sind wie folgt zu handhaben:

500 W bei 100% = 4–5 min.
bedeutet:
EIN 500-WATT-HERD (Ausgangsleistung) bei voller Leistung = 100% benötigt 4–5 Minuten für den angegebenen Garvorgang.

BEI EINEM 600/650-WATT-HERD (Ausgangsleistung) wird bei voller Leistung = 100% eine kürzere Zeit = 3–4 Minuten benötigt.

BEI EINEM 700/750-WATT-HERD (Ausgangsleistung) verkürzt sich diese Zeit weiter, und zwar auf 2–3 Minuten.

Die Fortgarwerte mit den entsprechend niedrigeren Einstellungen sind genauso zu handhaben.

Also, alle Rezepte in diesem Buch können mit einem 500-Watt-Herd, einem 600-, 650-, 700-, 750-Watt-Herd und mit einem Mikrowellenherd mit Prozentangaben nachgearbeitet werden.

Um die Rezepte nicht mit technischen Daten zu überfrachten, wurden die Prozentangaben nicht zusätzlich in Watt-Zahlen umgerechnet. Für die Mikrowellenherd-Besitzer, auf deren Geräten Watt-Einstellungen angegeben sind, wurde die Lesehilfe (s. letzte Buchseite) entwickelt. Auf dieser Lesehilfe können Sie auf einen Blick erkennen, welcher Watt-Einstellungen die angegebenen Prozente entsprechen. Wählen Sie die nächsthöhere Leistungsstufe, wenn Sie die im Rezept angegebenen Werte nicht einstellen können.

Im Handel sind Mikrowellenherde mit 2, 3, 4, 5, 6, 10 Leistungsstufen und mit stufenloser Leistungsregelung.

Was Sie noch beachten sollten: Wenn mehr als 100 ml Flüssigkeit dem Gericht zugegeben werden, muß die Flüssigkeit vorher erhitzt oder zumindest erwärmt werden, da sich sonst die Garzeiten verlängern.

Ratgeber

Fortgegart wird stets – wenn nicht anders angegeben – im geschlossenen Geschirr. So wird ein Überkochen vermieden, es kann kein Dampf entweichen, und die Speise trocknet nicht aus.

Mikrowellengeschirr sollte nicht zu klein sein. Wählen Sie ausreichend große Schüsseln und Formen und füllen Sie das Geschirr höchstens bis zu 2/3 mit Speisen. So können Sie Mikrowellen gleichmäßig von allen Seiten in das Gargut eindringen.

Bei der Erarbeitung der Rezepte sind wir von jungem, frischem Gemüse und qualitativ gutem, abgehangenem Fleisch ausgegangen.
Wenn konservierte oder tiefgekühlte Zutaten verwendet wurden, ist es im Rezept vermerkt.
Die in den Rezepten verwendeten Fleisch-, Fisch- und/oder Gemüsebrühen können auf herkömmliche Art zubereitet werden. Ebenso gut können aber auch Instant-Brühen und Fertigfonds verwendet werden.

Fette

MARGARINE
Margarine ist eine Emulsion aus 80% Fett, ca. 20% Wasser mit ca. 1% anderen Zusätzen wie beispielsweise Vitaminen und Lecithin (als Stabilisator für die Emulsion wichtig). Margarine wird vorwiegend aus pflanzlichen Rohstoffen erzeugt. Sonnenblumen- und Sojaöl sind in erster Linie zu nennen. Je nach Verwendungszweck werden bei der Margarineherstellung Rohstoffe und Rezepturen variiert. Pflanzenmargarine und Halbfettmargarine enthalten ausschließlich pflanzliche Fette und sind deshalb cholesterinfrei.

Diätmargarine besitzt einen besonders hohen Gehalt an mehrfach ungesättigten Fettsäuren (Linolsäure), die lebensnotwendig und biologisch aktiv sind. Je nach Zusammensetzung unterscheiden sich die einzelnen Margarinesorten auch in ihrer Konsistenz. Die streichfähige und geschmeidige Konsistenz der Margarine bleibt bei der Lagerung im Kühlschrank erhalten, so daß sie sofort verarbeitet werden kann.

Für die warme Küche ist Sanella besonders gut geeignet: zum Backen, da sie sich leicht schaumig rühren läßt und sich gut mit den übrigen Backzutaten verbindet und auch zum Braten bei niedrigen Brattemperaturen. Beim Kochen ist sie besonders gut zum Abschmelzen, Andünsten oder zur Herstellung von Saucen geeignet.

BUTTER

Butter ist eine Emulsion mit mindestens 82% Milchfett. Sie besteht überwiegend aus gesättigten Fetten. Im Gegensatz zur Margarine behält Butter deshalb bei der Lagerung im Kühlschrank eine feste Konsistenz. Daher muß sie vor der Verarbeitung zuerst Zimmertemperatur annehmen, um geschmeidig gerührt werden zu können.

PFLANZENÖL

Bei der Zubereitung von Salaten, von Quark-Ölteig und teilweise auch Hefeteig wird Pflanzenöl eingesetzt. Das Öl wird z. B. aus Sojabohnen, Sonnenblumenkernen, Mais oder Oliven gewonnen. Es ist empfehlenswert, geschmacksneutrale raffinierte Öle zu verwenden, wenn der Geschmack der zubereiteten Produkte nicht beeinflußt werden soll. Kaltgepreßte Öle haben demgegenüber einen deutlichen Eigengeschmack. Der ernährungsphysiologische Wert eines Öls ist nicht davon abhängig, ob ein Öl kaltgepreßt oder raffiniert ist.

Aufläufe

Aufläufe

ZUCCHINI-TOMATEN-AUFLAUF

(3 – 4 Portionen, Foto S. 14/15)

2 Eßl. Speiseöl	in einer Pfanne auf dem konventionellen Herd erhitzen
375 g Rindergehacktes	etwas zerpflücken, in die Pfanne geben, unter Rühren 2-3 Minuten durchbraten lassen, dabei die Fleischklümpchen etwas zerdrücken, mit
Salz Pfeffer gerebeltem Oregano gemahlenem Zimt	würzen
1 Gemüsezwiebel (etwa 300 g)	abziehen, würfeln, zu dem Gehackten geben, 2-3 Minuten durchdünsten lassen
70 g Tomatenmark (aus der Dose)	unterrühren, nochmals mit Salz, Pfeffer abschmecken das Gehackte in eine gut gefettete Auflaufform geben
375 g Tomaten	waschen, abtrocknen, die Stengelansätze herausschneiden, die Tomaten in Scheiben schneiden
250 g Zucchini	waschen, abtrocknen, in Scheiben schneiden die beiden Zutaten abwechselnd schuppenförmig auf die Hackfleischmasse legen, in der geschlossenen Auflaufform bei voller Leistung garen

500 Watt-Herd bei 100 % = 10–11 min.
600/650 Watt-Herd bei 100 % = 9–10 min.
700/750 Watt-Herd bei 100 % = 8– 9 min.

100 g saure Sahne	mit
1 Eßl. gehackten Basilikumblättchen 1 Eßl. gehackter Petersilie 1 Eßl. gehacktem Dill	verrühren, mit Salz, Pfeffer, würzen, über das Gemüse geben
150 g Mozzarella-Käse	in Würfel schneiden, darüber verteilen, in der offenen Auflaufform bei voller Leistung garen, bis der Käse geschmolzen ist

500 Watt-Herd bei 100 % = 6–7 min.
600/650 Watt-Herd bei 100 % = 4–5 min.
700/750 Watt-Herd bei 100 % = 3–4 min.

Beilage: Reis oder Nudeln.

NUDELAUFLAUF

(Etwa 3 Portionen)

3 Scheiben gekochten Schinken	in Würfel schneiden
2-3 Tomaten	waschen, die Stengelansätze herausschneiden, die Tomaten in Scheiben schneiden
300 g gekochte Nudeln	
50 g geraspelter Gouda-Käse	
	die 4 Zutaten abwechselnd lagenweise in eine gut gefettete Auflaufform schichten, die unterste Schicht und die oberste Schicht sollten aus Nudeln bestehen, jede Schicht mit
Salz	
frisch gemahlenem weißem Pfeffer	
feingehackten Basilikumblättchen	bestreuen
250 ml (¼ l) Milch	mit
3 Eiern	verschlagen, mit Salz, Pfeffer,
geriebener Muskatnuß	kräftig würzen, über die Nudeln geben, mit
Paprika edelsüß	
50 g geraspeltem Gouda-Käse	bestreuen
Butter oder Margarine z. B. Sanella	in Flöckchen darauf setzen, in der offenen Auflaufform bei voller Leistung garen

500 Watt-Herd bei 100 % = 8–9 min.
600/650 Watt-Herd bei 100 % = 7–8 min.
700/750 Watt-Herd bei 100 % = 6–7 min.

mit reduzierter Leistung fortgaren

500 Watt-Herd bei 60-75 % = 19–20 min.
600/650 Watt-Herd bei 50-60 % = 18–19 min.
700/750 Watt-Herd bei 50-60 % = 16–17 min.

den Nudelauflauf abgedeckt noch etwa 5 Minuten bei Zimmertemperatur stehenlassen.

Beilage: Gemischter Salat.

Aufläufe

LASAGNE VERDE

(2-3 Portionen, Foto S. 19)

200 g rohe Bratwurst	enthäuten (Foto 1), die Bratwurstmasse in ein Mikrowellengeschirr geben, mit
Salz Pfeffer	würzen
gehacktes Basilikum gehacktes Oregano 2 Eßl. gehackte Petersilie	unterrühren
1 kleine Zwiebel	abziehen, fein würfeln, zum Fleisch geben
2 enthäutete Tomaten (etwa 100 g)	halbieren, die Stengelansätze herausschneiden, die Tomaten entkernen, das Fruchtfleisch würfeln (Foto 2), das Gemüse mit
150 ml Tomatensauce (Fertigprodukt)	zur Bratwurstmasse geben, im geschlossenen Mikrowellengeschirr bei voller Leistung garen
	500 Watt-Herd bei 100 % = 8–10 min. 600/650 Watt-Herd bei 100 % = 6– 8 min. 700/750 Watt-Herd bei 100 % = 5– 7 min.
	die Fleisch-Gemüse-Masse aus dem Mikrowellengeschirr nehmen, gut durchrühren, erkalten lassen
50 g gekochten Schinken	in Streifen schneiden, unter die Masse ziehen eine mikrowellengeeignete Auflaufform mit
Margarine	ausfetten
300 g bißfest, gekochte, grüne Lasagneplatten	schichtweise mit der Fleischsauce (Foto 3) und
je 1 Eßl. geraspeltem Bel Paese-Käse	in die Auflaufform geben, die letzte Schicht sollen Lasagneplatten sein
2 Teel. Speisestärke	mit
etwas kaltem Wasser	anrühren, mit
50 ml Fleischbrühe	verrühren, kurz bei voller Leistung erhitzen, mit
50 ml Schlagsahne 1 Eßl. Crème fraîche 30 g gewürfelten Mozzarella-Käse	verrühren, über den Auflauf gießen im geschlossenen Mikrowellengeschirr bei voller Leistung erhitzen

Fortsetzung Seite 20

500 Watt-Herd bei 100 % = 7–8 min.
600/650 Watt-Herd bei 100 % = 6–7 min.
700/750 Watt-Herd bei 100 % = 5–6 min.

	die Lasagne Verde anrichten, mit
2 Eßl. gehacktem Basilikum	bestreut servieren.

QUARKPUDDING

(3-4 Portionen)

375 g Speisequark	mit
2 Eßl. Zucker	
1-2 Eßl. Zitronensaft	
1 Päckchen Vanillin-Zucker	
2 Eigelb	
2 Eßl. Grieß	verrühren
2 Eiweiß	steif schlagen, unterheben
	die Quarkmasse in eine gefettete Auflaufform füllen, in der geschlossenen Form garen

500 Watt-Herd bei 60-75 % = 15–17 min.
600/650 Watt-Herd bei 50-60 % = 12–14 min.
700/750 Watt-Herd bei 50-60 % = 10–12 min.

Beigabe: Kompott oder Fruchtsaft.

SCHINKEN-ZWIEBEL-AUFLAUF

(2-3 Portionen, Foto S. 21)

2 Gemüsezwiebeln (etwa 400 g)	abziehen, in Scheiben schneiden, mit
2 Eßl. Butter oder Margarine, z. B. Sanella	in einem geschlossenen Mikrowellengeschirr bei voller Leistung dünsten

500 Watt-Herd bei 100 % = 8–10 min.
600/650 Watt-Herd bei 100 % = 6– 8 min.
700/750 Watt-Herd bei 100 % = 5– 7 min.

50 g gekochten Schinken	in Streifen schneiden, unter die Zwiebelscheiben geben, mit
Salz	
Pfeffer	
geriebener Muskatnuß	
gerebeltem Majoran	
Knoblauchgranulat	
Zucker	würzen
1 Becher (150 g)	
Crème fraîche	mit
1 Ei	
30 g geriebenem	
Emmentaler-Käse	
2 Eßl. gehackter Petersilie	
2 Eßl. eingeschnittenem	
Schnittlauch	verrühren, mit Salz, Pfeffer, geriebener Muskatnuß abschmecken die Sauce über das Zwiebelgemüse geben, im geschlossenen Mikrowellengeschirr fortgaren

500 Watt-Herd bei 100 %	= 6–8 min.
600/650 Watt-Herd bei 60-75 %	= 6–8 min.
700/750 Watt-Herd bei 60-75 %	= 5–7 min.

Aufläufe

REISAUFLAUF

(2-3 Portionen, Foto S. 23)

200 g Langkornreis	mit
400 ml heißer Fleischbrühe	im geschlossenen Mikrowellengeschirr bei voller Leistung erhitzen
	500 Watt-Herd bei 100 % = 5–6 min. 600/650 Watt-Herd bei 100 % = 4–5 min. 700/750 Watt-Herd bei 100 % = 3–4 min.
	einmal umrühren, im geschlossenen Mikrowellengeschirr fortgaren
	500 Watt-Herd bei 100 % = 14–15 min. 600/650 Watt-Herd bei 60-75 % = 14–15 min. 700/750 Watt-Herd bei 60-75 % = 10–12 min.
	den Reis abgedeckt weitere 10 Minuten bei Zimmertemperatur stehenlassen, damit er völlig ausquillt
2 Zwiebeln	abziehen, fein würfeln, mit
2 Eßl. Olivenöl	
300 g Rindergehacktem	in ein Mikrowellengeschirr geben, mit
Salz Pfeffer Paprika edelsüß	würzen, im geschlossenen Geschirr bei voller Leistung garen
	500 Watt-Herd bei 100 % = 8–10 min. 600/650 Watt-Herd bei 100 % = 7– 8 min. 700/750 Watt-Herd bei 100 % = 5– 7 min.
75 g geriebenen Hartkäse	mit dem Reis unter das Gehackte heben
200 ml Milch	im geschlossenen Mikrowellengeschirr bei voller Leistung in 2-4 min. erhitzen, mit
hellem Saucenbinder	binden, mit Salz, Pfeffer,
geriebener Muskatnuß Zitronensaft	abschmecken
1 Ei	unterrühren, die Sauce über den Auflauf geben, mit
25 g geriebenem	

Fortsetzung Seite 24

Hartkäse bestreuen, im offenen Mikrowellengeschirr bei voller Leistung garen

500 Watt-Herd bei 100 %	= 10–12 min.
600/650 Watt-Herd bei 100 %	= 8–10 min.
700/750 Watt-Herd bei 100 %	= 7– 9 min.

BROCCOLI-SOUFFLÉ

(2-3 Portionen, Foto S. 25)

600 g tiefgekühlten Broccoli	in ein Mikrowellengeschirr geben
1 Knoblauchzehe	abziehen, darüber pressen, im geschlossenen Mikrowellengeschirr bei voller Leistung garen

500 Watt-Herd bei 100 %	= 16–18 min.
600/650 Watt-Herd bei 100 %	= 15–17 min.
700/750 Watt-Herd bei 100 %	= 13–15 min.

	den Broccoli pürieren
75 g Butter oder Margarine, z. B. Sanella	in einer Pfanne auf dem konventionellen Herd zerlassen
100 g Weizenmehl	unter Rühren darin durchdünsten
125 ml (⅛ l) Milch 150 g Kräuter-Crème fraîche	unterrühren, so lange Rühren, bis eine einheitliche Konsistenz entstanden ist, das Broccoli-Püree unterrühren, mit
Salz frisch gemahlenem weißem Pfeffer Worcestersauce	würzen, etwas abkühlen lassen
3 Eigelb	unterrühren
3 Eiweiß	steif schlagen, vorsichtig unter die Masse heben, die Broccolimasse in eine gut gefettete mit Semmelmehl ausgestreute Souffléform geben, in der offenen Form garen

500 Watt-Herd bei 60-75 %	= 23–26 min.
600/650 Watt-Herd bei 50-60 %	= 23–26 min.
700/750 Watt-Herd bei 50-60 %	= 20–23 min.

das Soufflé sofort servieren.

KARTOFFEL-ZUCCHINI-AUFLAUF

(3-4 Portionen)

500 g Kartoffeln	schälen, waschen, in dünne Scheiben schneiden oder hobeln
300 g Zucchini	waschen, die Stengelansätze abschneiden, die Zucchini in Scheiben schneiden eine flache Auflaufform mit
Margarine, z. B. Sanella	ausstreichen
1 Knoblauchzehe	abziehen, in die Form pressen, die abgetropften Kartoffel- und Zucchinischeiben abwechselnd lagenweise einschichten, dabei jede Schicht mit
Salz	
Pfeffer	bestreuen, die oberste Schicht sollte aus Kartoffeln bestehen
1 Becher (150 g)	
Crème fraîche	mit
1 Ei	verschlagen, mit Salz, Pfeffer,
geriebener	
Muskatnuß	würzen, über die Zutaten geben, mit
75 g geriebenem	
Emmentaler- oder	
Gouda-Käse	bestreuen, in der geschlossenen Form bei voller

Fortsetzung Seite 27

Aufläufe

Leistung garen

500 Watt-Herd bei 100 %	= 30–34 min.
600/650 Watt-Herd bei 100 %	= 28–32 min.
700/750 Watt-Herd bei 100 %	= 26–30 min.

kurz vor Beendigung der Garzeit den Auflauf in der Mitte mit einem Küchenmesser einstechen, um zu prüfen, ob er gar ist.

NEOPOLITANISCHER MAKKARONIAUFLAUF

(2-3 Portionen, Foto S. 27)

Ein Bräunungsgeschirr bei voller Leistung = 100 % 6-8 min. erhitzen

200 g Gehacktes (halb Rind-, halb Schweinefleisch) – mit
1 Eßl. Butterschmalz oder Margarine, z. B. Sanella – in das Bräunungsgeschirr geben
1 Knoblauchzehe – abziehen, fein hacken, zum Fleisch geben im offenen Bräunungsgeschirr bei voller Leistung braten, zwischendurch umrühren

500 Watt-Herd bei 100 %	= 6–8 min.
600/650 Watt-Herd bei 100 %	= 4–6 min.
700/750 Watt-Herd bei 100 %	= 3–5 min.

1 Eßl. Tomatenmark – unter das Gehackte rühren
50 ml Rotwein – hinzugießen, mit
gehacktem Oregano
gehacktem Basilikum
Salz
Pfeffer
Paprikapulver – würzen
1 kleine Dose geschälte Tomaten (etwa 425 g Einwaage) – mit der Flüssigkeit unterrühren
das Fleisch mit den Zutaten im geschlossenen Bräunungsgeschirr bei voller Leistung fortgaren

500 Watt-Herd bei 100 %	= 6–7 min.
600/650 Watt-Herd bei 100 %	= 5–6 min.
700/750 Watt-Herd bei 100 %	= 4–5 min.

	eine mikrowellengeeignete Auflaufform mit
Margarine	ausfetten
300 g bißfeste, gekochte Makkaroni	hineingeben
	die Nudeln mit der Hackfleischsauce übergießen
50 g Mozzarella-Käse	raspeln, auf die Nudeln geben
	den Auflauf im geschlossenen Mikrowellengeschirr bei voller Leistung erhitzen
	500 Watt-Herd bei 100 % = 7–8 min. 600/650 Watt-Herd bei 100 % = 6–7 min. 700/750 Watt-Herd bei 100 % = 5–6 min.
	den Auflauf anrichten, mit
2 Eßl. gehacktem Basilikum	bestreut servieren.

Aufläufe

MAISAUFLAUF

(2-3 Portionen, Foto S. 29)

Etwa 175 g Zuckermais (aus der Dose)	abtropfen lassen, die Flüssigkeit auffangen
125 ml (⅛ l) Milch	hinzugießen, evtl. mit Wasser auf 200 ml Flüssigkeit auffüllen
1 Eßl. weiche Butter oder Margarine, z. B. Sanella	mit
1 gehäuften Eßl Weizenmehl	verkneten, in die Flüssigkeit geben die Flüssigkeit im geschlossenen Mikrowellengeschirr bei voller Leistung in 2-5 min. erhitzen, einmal durchrühren, mit
Salz	
Pfeffer	
Paprika edelsüß	
1 Teel. Zitronensaft	abschmecken
3 hartgekochte Eier	pellen, hacken
200 g enthäutete Tomaten	in Scheiben schneiden
1 Stange Porree (etwa 300 g)	putzen, längs halbieren, waschen in Scheiben schneiden alle Zutaten in Reihen in eine flache, gefettete Auflaufform schichten, die Sauce darüber gießen
150 g Mozzarella-Käse	in dünne Scheiben schneiden, auf den Zutaten verteilen, in der geschlossenen Form bei voller Leistung garen

500 Watt-Herd bei 100 % = 9–10 min.
600/650 Watt-Herd bei 100 % = 7– 9 min.
700/750 Watt-Herd bei 100 % = 6– 8 min.

die Leistung herunterschalten, fortgaren

500 Watt-Herd bei 60-75 % = 12–14 min.
600/650 Watt-Herd bei 50-60 % = 12–14 min.
700/750 Watt-Herd bei 50-60 % = 10–12 min.

Tip: Beim Überbacken von Gerichten mit Käse, zunächst nur kurze Garzeiten einstellen, da Käse schnell zerläuft. Evtl. Zeit nachstellen.

AUBERGINENAUFLAUF

(Etwa 2 Portionen,
Foto S. 31)

	Ein Bräunungsgeschirr bei voller Leistung = 100 % 4-6 min. erhitzen
1 Aubergine	
(etwa 250 g)	waschen, trockentupfen, in Scheiben schneiden, mit
1 Eßl. Salz	bestreuen, 10 Minuten ziehen lassen anschließend nochmals unter fließendem kaltem Wasser abspülen, trockentupfen

Fortsetzung Seite 30

Aufläufe

2 Eßl. Olivenöl oder Margarine, z. B. Sanella	mit den Auberginenscheiben im offenen Bräunungsgeschirr bei voller Leistung braten, zwischendurch wenden

500 Watt-Herd bei 100 %	= 4–5 min.
600/650 Watt-Herd bei 100 %	= 3–4 min.
700/750 Watt-Herd bei 100 %	= 2–3 min.

	die Auberginenscheiben herausnehmen, warm stellen
150 g grobe Bratwurst	enthäuten, ins Bratfett geben, im offenen Bräunungsgeschirr bei voller Leistung braten, zwischendurch umrühren

500 Watt-Herd bei 100 %	= 4–5 min.
600/650 Watt-Herd bei 100 %	= 3–4 min.
700/750 Watt-Herd bei 100 %	= 2–3 min.

2 enthäutete Tomaten (etwa 200 g)	in Scheiben schneiden, die Auberginenscheiben, die Tomatenscheiben, die Bratwurstmasse,
150 g gekochte Makkaroni	in eine ausgefettete Auflaufform schichten, jede Schicht mit Salz,
frisch gemahlenem weißem Pfeffer gehacktem Oregano gehacktem Basilikum gehackter Petersilie	bestreuen
250 ml (¼ l) heiße Tomatensauce (Fertigprodukt)	darüber verteilen
50 g Mozzarella-Käse	in Scheiben schneiden, den Auflauf damit abdecken, in der geschlossenen Auflaufform garen

500 Watt-Herd bei 100 %	= 7–8 min.
600/650 Watt-Herd bei 60-75 %	= 7–8 min.
700/750 Watt-Herd bei 60-75 %	= 7–8 min.

	den Auberginenauflauf mit
1 Eßl. gehacktem Basilikum	bestreut servieren.
Beilage:	Gemischter Salat.

Aufläufe

HACKFLEISCH-TOMATEN-AUFLAUF

(2-3 Portionen, Foto S. 33)

500 g Rindergehacktes	mit
Salz	
frisch gemahlenem	
weißem Pfeffer	würzen, mit
1 Bund gehacktem	
Oregano oder	
1 Teel. gerebeltem	
Oregano	vermengen, in eine Mikrowellenform geben, glattstreichen in der offenen Form 3-6 min. bei voller Leistung garen das Gehackte mit einer Gabel etwas zerkrümeln, bei voller Leistung fortgaren
	500 Watt-Herd bei 100 % = 6–7 min. 600/650 Watt-Herd bei 100 % = 5–6 min. 700/750 Watt-Herd bei 100 % = 4–5 min.
100 g gekochten	
Langkornreis	
2 Eier	unter das Gehackte rühren, die Masse etwas flachdrücken
750 g Fleischtomaten	waschen, abtrocknen, die Stengelansätze herausschneiden, fächerartig auf die Fleisch-Reismasse legen, mit Salz, Pfeffer bestreuen
1 ½ Scheiben altbackenes	
Toastbrot	mit
1 ½ Bund Petersilie	
ohne Stengel	
1 abgezogenen	
Knoblauchzehe	
2 Eßl. Speiseöl	im Mixer pürieren, evtl.
etwas Wasser	hinzufügen die Masse auf die Tomatenscheiben streichen im offenen Mikrowellengeschirr bei voller Leistung garen
	500 Watt-Herd bei 100 % = 12–13 min. 600/650 Watt-Herd bei 100 % = 11–12 min. 700/750 Watt-Herd bei 100 % = 10–11 min.
Beilage:	Blattsalate.

KÄSEKARTOFFELN MIT KRÄUTERN

(Etwa 2 Portionen,
Foto S. 35)

1 kleine Zwiebel	abziehen, fein würfeln
250 g Kartoffeln	schälen (Foto 1), waschen, in dünne Scheiben schneiden
1 Eßl. Butter	(Foto 2)

Fortsetzung Seite 34

oder	
Margarine, z. B. Sanella	in ein Mikrowellengeschirr geben, die Zwiebelwürfel und die Kartoffelscheiben hineingeben
2-3 Eßl. Weißwein	
100 ml heiße	
Gemüsebrühe	darüber gießen die Kartoffeln im geschlossenen Mikrowellengeschirr bei voller Leistung garen, zwischendurch umrühren
	500 Watt-Herd bei 100% = 10–12 min. 600/650 Watt-Herd bei 100% = 8–10 min. 700/750 Watt-Herd bei 100% = 7– 9 min.
75 g Sahnequark	
(40% Fett)	mit
1 Eßl. geriebenem	
Parmesan-Käse	vermengen, mit
Salz	
frisch gemahlenem	
weißem Pfeffer	
Zitronensaft	
Worcestersauce	würzen
1 Eßl. gehackte	
Pfefferminze	
1 Eßl. gehackte	
Zitronenmelisse	unter die Quarkmasse rühren, die Quarkmasse über die Kartoffeln geben (Foto 3)
50 g Mozzarella-Käse	in Scheiben schneiden, auf den Kartoffeln verteilen die Käsekartoffeln im geschlossenen Mikrowellengeschirr bei voller Leistung garen
	500 Watt-Herd bei 100 % = 8–10 min. 600/650 Watt-Herd bei 100 % = 7– 8 min. 700/750 Watt-Herd bei 100 % = 6– 7 min.
	die Käsekartoffeln mit
2 Eßl. gehackter Petersilie	bestreut servieren. Käsekartoffeln mit Kräutern zu kurzgebratenem Fleisch reichen.
Tip:	Die Garzeit von Kartoffeln ist abhängig von der Sorte und der Erntezeit. Frühkartoffeln brauchen eine kürzere Garzeit als Spätkartoffeln.

Aufläufe

FISCHAUFLAUF MIT TOMATEN UND KÄSE

(2 Portionen, Foto S. 37)

2 Scheiben Seelachsfilet (je etwa 200 g)	unter fließendem kaltem Wasser abspülen, trockentupfen, mit
2 Eßl. Zitronensaft Worcestersauce	beträufeln, im Kühlschrank etwa 10 Minuten ziehen lassen
2 mittelgroße Zwiebeln	abziehen, in Scheiben schneiden
100 g frische Champignons	putzen, waschen, gut abtropfen lassen, in Scheiben schneiden, mit
Zitronensaft	beträufeln
1 kleine Zucchini (etwa 100 g)	waschen, den Stielansatz abschneiden, die Zucchini längs halbieren, entkernen, in Scheiben schneiden von
2 kleinen enthäuteten Tomaten (etwa 150 g)	die Stengelansätze herausschneiden, die Tomaten in Scheiben schneiden, eine mikrowellengeeignete Auflaufform mit
Margarine, z. B. Sanella	ausfetten das Seelachsfilet in mundgerechte Stücke schneiden, mit dem Gemüse in die Form schichten, jede Schicht mit
Salz frisch gemahlenem weißem Pfeffer	bestreuen
50 ml Weißwein	mit
125 ml (1/8 l) Tomatensaft 50 ml Schlagsahne	verrühren, mit Salz, Pfeffer,
2 cl Pernod gehacktem Oregano gehacktem Basilikum	würzen, über die Zutaten gießen
75 g Mozzarella-Käse	in Scheiben schneiden, auf den Fischauflauf legen den Auflauf im geschlossenen Mikrowellengeschirr garen
	500 Watt-Herd bei 100 % = 13–15 min. 600/650 Watt-Herd bei 100 % = 12–14 min. 700/750 Watt-Herd bei 100 % = 10–12 min.
2 Eßl. gehackter Petersilie	den garen Auflauf mit bestreut servieren.

Aufläufe

KIRSCH-QUARK-AUFLAUF

(3-4 Portionen, Foto S. 39)

75 g weiche Butter oder Margarine, z. B. Sanella	geschmeidig rühren, nach und nach
100 g Zucker 1 Päckchen Vanillin-Zucker 1 Eßl. Zitronensaft Salz	unterrühren
4 Eigelb	einzeln unterrühren
500 g Speisequark 2 Eßl. Grieß	hinzufügen, gut unterrühren
4 Eiweiß	steif schlagen, vorsichtig unter die Ouarkmasse ziehen etwa
375 g Sauerkirschen (aus dem Glas)	gut abtropfen lassen, den Saft auffangen, die Kirschen vorsichtig unter die Quarkmasse heben eine gut gefettete Auflaufform mit
Semmelmehl	ausstreuen, die Quarkmasse hineinfüllen, glattstreichen, in der offenen Form garen
	500 Watt-Herd bei 60-75 % = 24–26 min. 600/650 Watt-Herd bei 50-60 % = 24–26 min. 700/750 Watt-Herd bei 50-60 % = 20–22 min.
	nach Ablauf der Garzeit mit einem Holzstäbchen in die Mitte des Auflaufs stechen, um zu prüfen, ob der Auflauf gar ist, für die Sauerkirschsauce nach Belieben den aufgefangenen Sauerkirschsaft mit
1 Eßl. Speisestärke	verrühren, mit
1 Stück Stangenzimt 1 Stück unbehandelter Zitronenschale	zu dem Saft geben, im geschlossenen Mikrowellengeschirr bei voller Leistung erhitzen
	500 Watt-Herd bei 100 % = 6–8 min. 600/650 Watt-Herd bei 100 % = 5–6 min. 700/750 Watt-Herd bei 100 % = 4–5 min.
	die Sauerkirschsauce zwischendurch einmal umrühren, zu dem Auflauf reichen.

Tips: Zum Garen von Aufläufen eignen sich flache, breite Formen besser als hohe, schmale Gefäße.

Die in den Rezepten angegebenen Zeiten sind Richtwerte. Sie können sich je nach Ausgangstemperatur, Beschaffenheit der Lebensmittel und Menge verändern.

Aufläufe

FRUCHTIGER ZWIEBACKAUFLAUF

(2 Portionen, Foto S. 41)

2 säuerliche Äpfel (etwa 400 g)	schälen, entkernen, in Scheiben schneiden (Foto 1), mit
Zitronensaft	beträufeln
2-3 Eßl. Zucker 1 Päckchen Vanillin-Zucker	bestreuen
2-3 Eßl. Rum-Rosinen	darüber geben (Foto 2)
2 Eßl. Butter oder Margarine, z. B. Sanella	in eine Mikrowellenform geben
50 g Sauerkirschen	waschen, entsteinen, zu den Äpfeln geben, mit
3-4 Scheiben Aniszwieback	hineinlegen, die Früchte gleichmäßig darauf verteilen, mit
3 Scheiben Aniszwieback	abdecken (Foto 3)
150 g Joghurt	mit
60 ml Schlagsahne 3 Eiern	in einer Schüssel verrühren, mit
gemahlenem Zimt Zucker	nach Geschmack abschmecken
	die Eiermasse gleichmäßig über den Zwiebackauflauf verteilen
	den Auflauf im geschlossenen Mikrowellengeschirr bei voller Leistung garen

500 Watt-Herd bei 100 %	= 10–12 min.
600/650 Watt-Herd bei 100 %	= 7–10 min.
700/750 Watt-Herd bei 100 %	= 6– 9 min.

	den Zwiebackauflauf mit
2 Eßl. gehackten Nußkernen 2 Eßl. geriebener Schokolade	bestreut servieren.

Tip: Lassen Sie die Speisen nach dem Erhitzen oder Garen noch einige Minuten außerhalb des Herdes stehen, damit sich die Wärme in den Lebensmitteln besser verteilen kann.

Suppen

Suppen

GEMÜSESUPPE MIT SPROSSEN

(2-3 Portionen, Foto S. 42/43)

1 Zwiebel	abziehen, fein würfeln
1 Bund Suppengrün (z.B. Möhre, Porree, Sellerie)	putzen, waschen, in Würfel oder Streifen schneiden die 2 Zutaten mit
150 g tiefgekühlten Erbsen 2 Eßl. Speiseöl	in ein Mikrowellengeschirr geben, mit
Selleriesalz frisch gemahlenem weißem Pfeffer geriebener Muskatnuß Cayennepfeffer	würzen, im geschlossenen Mikrowellengeschirr bei voller Leistung garen
	500 Watt-Herd bei 100 % = 13–14 min. 600/650 Watt-Herd bei 100 % = 11–12 min. 700/750 Watt-Herd bei 100 % = 10–11 min.
50 g Sojabohnensprossen	unter fließendem kaltem Wasser abspülen, abtropfen lassen, mit
500 ml (½ l) heißer Fleischbrühe 1 Eßl. gehackten Pistazienkernen 2 Eßl. Sojasauce	zu dem Gemüse geben, im geschlossenen Mikrowellengeschirr bei voller Leistung erhitzen
	500 Watt-Herd bei 100 % = 8–9 min. 600/650 Watt-Herd bei 100 % = 6–7 min. 700/750 Watt-Herd bei 100 % = 5–6 min.
	die Gemüsesuppe mit
1 Eßl. gemischten, gehackten Kräutern	bestreut servieren.
Beigabe:	Vollkornbrot.

FEINER HÜHNERTOPF

(Etwa 2 Portionen)

	Ein Bräunungsgeschirr bei voller Leistung = 100% 6-8 min. vorheizen
1 Hähnchenbrustfilet (etwa 125 g)	unter fließendem kaltem Wasser abspülen, trockentupfen, würfeln, mit
1 Eßl. Olivenöl oder Margarine, z. B. Sanella	im geschlossenen Bräunungsgeschirr bei voller Leistung anbraten
	500 Watt-Herd bei 100% = 6-8 min. 600/650 Watt-Herd bei 100% = 5-7 min. 700/750 Watt-Herd bei 100% = 4-6 min.
2 Eßl. Weißwein	hinzufügen
1 kleine Zwiebel	abziehen, fein würfeln
1 Möhre	putzen, waschen, in Würfel schneiden
1 Stück Sellerie	schälen, waschen, in Würfel schneiden die 3 Zutaten zum Fleisch geben
100 g tiefgekühlte Erbsen 100 g frische oder tiefgekühlte Spargelabschnitte	hinzufügen
375 ml (3/8 l) heiße Gemüsebrühe oder Geflügelbrühe	hinzugießen
50 g Langkornreis	unterrühren, mit
Salz Pfeffer geriebener Muskatnuß Cayennepfeffer Zucker	würzen, im geschlossenen Mikrowellengeschirr fortgaren
	500 Watt-Herd bei 60-75% = 17-22 min. 600/650 Watt-Herd bei 40-50% = 17-22 min. 700/750 Watt-Herd bei 40-50% = 17-22 min.
	den Eintopf nochmals mit den Gewürzen abschmecken, mit
3 Eßl. gehackter Petersilie	bestreut servieren.

MANGOLDCREMESUPPE

(2-3 Portionen, Foto S. 47)

1 Zwiebel	abziehen, fein würfeln
400 g Mangold	putzen, gründlich waschen, die Stengel von den Blättern schneiden die Stengel in etwa 2 cm breite Stücke schneiden, mit
1 Eßl. Butter oder Margarine, z. B. Sanella	im geschlossenen Mikrowellengeschirr bei voller Leistung dünsten

500 Watt-Herd bei 100 % = 6–7 min.
600/650 Watt-Herd bei 100 % = 5–6 min.
700/750 Watt-Herd bei 100 % = 4–5 min.

	die Mangoldblätter in Streifen schneiden, zu den Blattrippen geben, im geschlossenen Mikrowellengeschirr bei voller Leistung weitere 5-7 min. dünsten, mit etwas von
375 ml (⅛ l) heißer Fleischbrühe	pürieren, die restliche Fleischbrühe
125 ml (⅛ l) Schlagsahne	hinzugießen, die Suppe mit
Salz	
Pfeffer	
geriebener Muskatnuß	abschmecken
30 g Roquefort-Käse	in Stückchen schneiden, in die Suppe geben die Mangoldcremesuppe im geschlossenen Mikrowellengeschirr bei voller Leistung erhitzen

500 Watt-Herd bei 100 % = 5–7 min.
600/650 Watt-Herd bei 100 % = 4–6 min.
700/750 Watt-Herd bei 100 % = 3–5 min.

BLUMENKOHLSUPPE MIT WURSTSCHEIBEN

(2 Portionen)

1 kleine Zwiebel	abziehen, fein würfeln
250 g Blumenkohlröschen	von Blättern und den Strunk befreien, einige Zeit in
Salzwasser	legen, gut abtropfen lassen, kleinschneiden Zwiebelwürfel und Blumenkohlröschen mit
1 Eßl. Butter	in einem geschlossenen Mikrowellengeschirr bei voller Leistung dünsten

Fortsetzung Seite 48

500 Watt-Herd bei 100 % = 10–12 min.
600/650 Watt-Herd bei 100 % = 8–10 min.
700/750 Watt-Herd bei 100 % = 7– 9 min.

250 ml (¼ l) heiße Gemüsebrühe	hinzugießen, mit
geriebener Muskatnuß Cayennepfeffer Currypulver Salz, Pfeffer, Zucker	würzen, im geschlossenen Mikrowellengeschirr bei voller Leistung zum Kochen bringen

500 Watt-Herd bei 100 % = 5–6 min.
600/650 Watt-Herd bei 100 % = 4–5 min.
700/750 Watt-Herd bei 100 % = 3–4 min.

	die Blumenkohlsuppe im Mixer oder mit dem Pürierstab pürieren, mit
2 Eßl. Schlagsahne	verfeinern
2 Wiener Würstchen (je etwa 100 g)	in Scheiben schneiden, in die Suppe geben, bei voller Leistung im geschlossenen Mikrowellengeschirr erhitzen

500 Watt-Herd bei 100 % = 5–6 min.
600/650 Watt-Herd bei 100 % = 4–5 min.
700/750 Watt-Herd bei 100 % = 3–4 min.

die Blumenkohlsuppe mit den Gewürzen abschmecken.

MAISCREMESUPPE MIT RÄUCHERLACHS

(2-3 Portionen, Foto S. 49)

1 schwach gehäuften Eßl. Speisestärke	mit
etwas kaltem Wasser	anrühren, mit
400 ml heißer Geflügelbrühe	verrühren, in einem geschlossenen Mikrowellengeschirr bei voller Leistung erhitzen

500 Watt-Herd bei 100 % = 3–4 min.
600/650 Watt-Herd bei 100 % = 2–3 min.
700/750 Watt-Herd bei 100 % = 2–3 min.

100 g Gemüsemais (aus der Dose)	abtropfen lassen, mit
2-3 Eßl. Kräuter-Crème fraîche	
1 Eigelb	in die Brühe geben die Suppe im geschlossenen Mikrowellengeschirr bei voller Leistung erhitzen

500 Watt-Herd bei 100 %	=	8–10 min.
600/650 Watt-Herd bei 100 %	=	7– 8 min.
700/750 Watt-Herd bei 100 %	=	6– 7 min.

1 Eiweiß	halbsteif schlagen, unter die Suppe ziehen
1 Eßl. gehackten Dill	hinzufügen
50 g Räucherlachs	in Streifen schneiden, in die Suppen geben mit
Salz	
frisch gemahlenem weißem Pfeffer	abschmecken die Suppe anrichten und sofort servieren.
Beigabe:	Toastbrot mit Lachsbutter.

Suppen

BROCCOLICREMESUPPE MIT MANDELN

(Etwa 2 Portionen, Foto S. 51)

1 mittelgroße Zwiebel	abziehen, fein würfeln von
250 g jungem Broccoli	die Blätter entfernen, die Stengel am Strunk schälen (Foto 1), Röschen und Stengel waschen, kleinschneiden, mit den Zwiebelwürfeln,
1 Eßl. Butter oder Margarine, z. B. Sanella	in einem geschlossenen Mikrowellengeschirr bei voller Leistung dünsten

500 Watt-Herd bei 100 %	= 12–14 min.
600/650 Watt-Herd bei 100 %	= 8–10 min.
700/750 Watt-Herd bei 100 %	= 7–9 min.

250 ml (1/4 l) heiße Gemüsebrühe	hinzugießen, mit
gerebeltem Estragon Salz, Pfeffer geriebener Muskatnuß Currypulver Zucker	würzen, im geschlossenen Mikrowellengeschirr bei voller Leistung zum Kochen bringen

500 Watt-Herd bei 100 %	= 6–7 min.
600/650 Watt-Herd bei 100 %	= 5–6 min.
700/750 Watt-Herd bei 100 %	= 4–5 min.

	die Broccolicremesuppe im Mixer oder mit dem Pürierstab pürieren (Foto 2)
3 Eßl. Crème fraîche	unterziehen (Foto 3)
2 Eßl. abgezogene, gehobelte, geröstete Mandeln	unterheben, bei voller Leistung im geschlossenen Mikrowellengeschirr erhitzen

500 Watt-Herd bei 100 %	= 5–6 min.
600/650 Watt-Herd bei 100 %	= 4–5 min.
700/750 Watt-Herd bei 100 %	= 3–4 min.

	die Broccolicremesuppe nochmals mit den Gewürzen abschmecken, mit
2 Eßl. gehackter Petersilie	bestreut servieren.

Suppen

KERBELSUPPE

(3-4 Portionen, Foto S. 53)

1 Päckchen tiefgekühltes Suppengrün	mit
1 Eßl. Butter oder Margarine, z. B. Sanella	in ein Mikrowellengeschirr geben
250 g mehlig-kochende Kartoffeln	schälen, waschen, in Würfel schneiden, hinzufügen, im geschlossenen Mikrowellengeschirr bei voller Leistung garen
	500 Watt-Herd bei 100 % = 9–10 min. 600/650 Watt-Herd bei 100 % = 8– 9 min. 700/750 Watt-Herd bei 100 % = 7– 8 min.
1 Bund Kerbel	unter fließendem kaltem Wasser abspülen, trockentupfen, grob zerkleinern, mit den Gemüse-Kartoffelwürfeln, mit etwas von
500 ml (½ l) heißer Fleischbrühe	im Mixer pürieren, mit
Salz	würzen, die restliche Brühe,
6 Eßl. Schlagsahne	unterrühren, im geschlossenen Mikrowellengeschirr bei voller Leistung erhitzen
	500 Watt-Herd bei 100 % = 7–9 min. 600/650 Watt-Herd bei 100 % = 5–7 min. 700/750 Watt-Herd bei 100 % = 3–5 min.
	die Markklößchen hinzufügen, die Suppe mit
gehacktem Kerbel	bestreut servieren.

MARKKLÖSSCHEN

(Foto S. 53)

40 g Rindermark	in einem geschlossenen Mikrowellengeschirr zerlassen
	700/750 Watt-Herd bei 50-60 % = 3-4 min. 600/650 Watt-Herd bei 50-60 % = 3-4 min. 500 Watt-Herd bei 60-75 % = 5-6 min.
	das flüssige Rindermark durch ein Sieb gießen, kalt stellen, geschmeidig rühren

1 Ei, 1 Eigelb, Salz geriebene Muskatnuß 50 g Semmelmehl	zu dem Rindermark geben, gut verrühren (es muß eine geschmeidige Masse entstehen)
1 Messerspitze Backpulver	unterrühren, die Masse einige Minuten stehenlassen, mit nassen Händen oder mit 2 Teelöffeln Klößchen daraus formen
500 ml (½ l) Salzwasser	im geschlossenen Mikrowellengeschirr bei voller Leistung zum Kochen bringen

500 Watt-Herd bei 100 % = 7–8 min.
600/650 Watt-Herd bei 100 % = 6–7 min.
700/750 Watt-Herd bei 100 % = 6–7 min.

die Markklößchen hinzufügen, im geschlossenen Mikrowellengeschirr garen

500 Watt-Herd bei 60-75 % = 8–9 min.
600/650 Watt-Herd bei 50-60 % = 7–8 min.
700/750 Watt-Herd bei 50-60 % = 6–7 min.

die Klößchen zwischendurch ein- bis zweimal wenden.

STEINPILZ-BOUILLON MIT EI

(3 Portionen)

3 Beutel (je etwa 15 g) getrocknete Steinpilze	mit
200 ml (1/5 l) Wasser	im geschlossenen Mikrowellengeschirr bei voller Leistung erhitzen

500 Watt-Herd bei 100 %	= 4–5 min.
600/650 Watt-Herd bei 100 %	= 3–4 min.
700/750 Watt-Herd bei 100 %	= 2–3 min.

	die Pilze etwa 15 Minuten außerhalb des Mikrowellenherdes quellen lassen, in ein Sieb geben, abtropfen lassen, die Flüssigkeit auffangen
400 ml Rinderfond (Fertigprodukt)	mit
Wasser	auf 500 ml (1/2 l) Flüssigkeit auffüllen, die Pilzbrühe hinzufügen, mit
Salz Pfeffer Pilz-Sojasauce (aus dem Reformhaus)	würzen, im geschlossenen Mikrowellengeschirr bei voller Leistung erhitzen

500 Watt-Herd bei 100 %	= 8–9 min.
600/650 Watt-Herd bei 100 %	= 6–7 min.
700/750 Watt-Herd bei 100 %	= 5–6 min.

3-4 Eigelb	auf 3-4 Suppentassen verteilen, die Bouillon darüber gießen, mit
Kerbelblättchen	bestreut servieren.

ROTE-BETE-SUPPE MIT CHAMPIGNONS

(2-3 Portionen)

330 ml Rote Betesaft (aus der Flasche)	mit
300 ml Gemüsebrühe 100 g Crème fraîche	verrühren, im geschlossenen Mikrowellengeschirr bei voller Leistung erhitzen

500 Watt-Herd bei 100 %	= 10–11 min.
600/650 Watt-Herd bei 100 %	= 9–10 min.
700/750 Watt-Herd bei 100 %	= 8– 9 min.

3-4 Eßl. Instant-Kartoffelpüree	einrühren, mit
Salz Pfeffer Apfelessig	abschmecken, die Suppe warm stellen
2 Schalotten	abziehen, fein würfeln
75 g Champignons	putzen, waschen, in Scheiben schneiden die 2 Zutaten mit
1 Eßl. Butter oder Margarine, z. B. Sanella	im geschlossenen Mikrowellengeschirr bei voller Leistung dünsten

500 Watt-Herd bei 100 %	= 6–7 min.
600/650 Watt-Herd bei 100 %	= 5–6 min.
700/750 Watt-Herd bei 100 %	= 4–5 min.

	die Champignons zwischendurch einmal umrühren, in die Suppe geben
1 kleine Rote Beteknolle	schälen, waschen, sehr fein raspeln, in die Suppe streuen.

SZEGEDINER GULASCHSUPPE

(2-3 Portionen)

1 Knoblauchzehe	abziehen, fein hacken
150 g Schweinefleisch	unter fließendem kaltem Wasser abspülen, trockentupfen, in kleine Würfel schneiden die 2 Zutaten mit
1 Eßl. Margarine, z. B. Sanella	in einem geschlossenen Mikrowellengeschirr bei voller Leistung garen

500 Watt-Herd bei 100 % = 7–9 min.
600/650 Watt-Herd bei 100 % = 5–7 min.
700/750 Watt-Herd bei 100 % = 3–5 min.

2 mittelgroße Zwiebeln	abziehen, in dünne Scheiben schneiden
1 kleine, rote Paprikaschote (etwa 100 g) 1 kleine, grüne Paprikaschote (etwa 100 g)	halbieren, entstielen, entkernen, die weißen Scheidewände entfernen, die Schoten waschen, würfeln
100 g geschälte Kartoffeln	in Würfel schneiden alle Zutaten zum Fleisch geben, mit
Paprika edelsüß frisch gemahlenem weißem Pfeffer Salz gerebeltem Majoran 1 Lorbeerblatt	würzen
1 Eßl. Tomatenmark 375 ml (3/8 l) heißer Fleischbrühe	hinzufügen, bei voller Leistung im geschlossenen Mikrowellengeschirr fortgaren

500 Watt-Herd bei 100 % = 17–19 min.
600/650 Watt-Herd bei 100 % = 15–17 min.
700/750 Watt-Herd bei 100 % = 13–15 min.

100 g Sauerkraut	locker zupfen, mit
100 ml Weißwein	zur Gulaschsuppe geben, im geschlossenen Mikrowellengeschirr fortgaren

500 Watt-Herd bei 100 % = 9–11 min.
600/650 Watt-Herd bei 100 % = 7– 9 min.
700/750 Watt-Herd bei 100 % = 5– 7 min.

	das Lorbeerblatt entfernen, die Suppe mit Salz abschmecken
2 Eßl. Crème fraiche	unterrühren.
Beigabe:	Bauernbrot oder Baguette.

TOMATENSUPPE MIT BROCCOLI

(2-3 Portionen, Foto S. 59)

1 Zwiebel 1 Knoblauchzehe	beide Zutaten abziehen, würfeln, mit
1 Eßl. Olivenöl oder Margarine, z. B. Sanella	im geschlossenen Mikrowellengeschirr bei voller Leistung dünsten

500 Watt-Herd bei 100 %	= 4–5 min.
600/650 Watt-Herd bei 100 %	= 3–4 min.
700/750 Watt-Herd bei 100 %	= 2–3 min.

300 g enthäutete Fleischtomaten	grob zerkleinern, pürieren, mit
250 ml (1/4 l) Gemüsebrühe 1 Eßl. Tomatenmark	zu den Zwiebel-Knoblauchwürfeln geben
150 g Broccoli	putzen, waschen, die Stengel am Strunk schälen, die Röschen halbieren, die Stengel in Streifen schneiden, zu den Tomaten geben, mit
Selleriesalz weißem Pfeffer gerebelten italienischen Kräutern	würzen, im geschlossenen Mikrowellengeschirr bei voller Leistung dünsten

500 Watt-Herd bei 100 %	= 14–15 min.
600/650 Watt-Herd bei 100 %	= 13–14 min.
700/750 Watt-Herd bei 100 %	= 12–13 min.

75 g saure Sahne	unter die fertige Suppe rühren, sofort servieren.

FEINE KRÄUTERSUPPE

(Etwa 2 Portionen)

250 g Crème fraîche	mit
250 ml (1/4 l) heißer Gemüsebrühe	verrühren, in ein Mikrowellengeschirr geben
1–1 1/2 Teel. Speisestärke	mit

etwas kaltem	
Wasser	anrühren
2 Eigelb	unterrühren, in die Crème fraîche-Brühe rühren
2 Eßl. gehackten Kerbel	
2 Eßl. gehackte Petersilie	
2 Eßl. feingeschnittenen	
Schnittlauch	unterrühren, mit
Salz	
frisch gemahlenem	
weißem Pfeffer	
Zucker	
geriebener Muskatnuß	
Fleischextrakt	würzen
	die Kräutersuppe im geschlossenen Mikrowellengeschirr bei voller Leistung garen

500 Watt-Herd bei 100 %	= 8–10 min.
600/650 Watt-Herd bei 100 %	= 7– 8 min.
700/750 Watt-Herd bei 100 %	= 6– 7 min.

Beigabe: Warme Käsestangen.

Suppen

ERBSENSUPPE MIT HUMMERKRABBEN

(Etwa 2 Portionen)

400 ml Rinderfond (Fertigprodukt aus dem Glas)	mit
Wasser	auf 500 ml (½ l) Flüssigkeit auffüllen, mit
300 g tiefgekühlten Erbsen	in einem geschlossenen Mikrowellengeschirr bei voller Leistung garen
	500 Watt-Herd bei 100 % = 19–21 min. 600/650 Watt-Herd bei 100 % = 16–18 min. 700/750 Watt-Herd bei 100 % = 15–17 min.
	die Erbsen etwas pürieren, nochmals 1-2 min. bei voller Leistung erhitzen
1 Eigelb	mit
2 Eßl. Schlagsahne	verschlagen, unter die Suppe rühren
1-2 Eßl. gehackten Kerbel	hinzufügen, die Suppe mit
Salz frisch gemahlenem weißem Pfeffer	abschmecken
2 küchenfertige Hummerkrabben	unter fließendem kalten Wasser abspülen, trockentupfen
1 Knoblauchzehe	abziehen, in
1 Eßl. zerlassene Butter	pressen, die Hummerkrabben damit bestreichen, im geschlossenen Mikrowellengeschirr bei voller Leistung garen
	500 Watt-Herd bei 100 % = 5–6 min. 600/650 Watt-Herd bei 100 % = 3–4 min. 700/750 Watt-Herd bei 100 % = 2–3 min.
	die Suppe auf 2 Teller verteilen, die Hummerkrabben darauf geben.
Beigabe:	Stangenweißbrot.
Tip:	Tiefgekühltes Gemüse grundsätzich wie frisches Gemüse behandeln, d. h. nicht zuerst auftauen, sondern in einem Arbeitsgang auftauen und garen.

PORREESUPPE

(2-3 Portionen, Foto S. 63)

2 Stangen Porree (etwa 350 g)	putzen, die Stangen längs halbieren, gründlich waschen, in Ringe schneiden, mit
1 Eßl. Butter oder Margarine, z. B. Sanella Salz, Pfeffer	im geschlossenen Mikrowellengeschirr bei voller Leistung dünsten

500 Watt-Herd bei 100 % = 10–12 min.
600/650 Watt-Herd bei 100 % = 9–11 min.
700/750 Watt-Herd bei 100 % = 8–10 min.

	das Gemüse mit der Hälfte von
500 ml (½ l) heißer Fleischbrühe	pürieren, mit der restlichen Brühe,
125 ml (⅛ l) Schlagsahne	verrühren, mit Salz, Pfeffer,
geriebener Muskatnuß	abschmecken, im geschlossenen Mikrowellengeschirr bei voller Leistung erhitzen

500 Watt-Herd bei 100 % = 7–9 min.
600/650 Watt-Herd bei 100 % = 5–7 min.
700/750 Watt-Herd bei 100 % = 3–4 min.

BADISCHE SCHNECKENSUPPE

(Etwa 4 Portionen)

36 Schnecken (aus der Dose)	abtropfen lassen, die Flüssigkeit auffangen, ⅓ der Schnecken fein hacken
2 Schalotten	abziehen, würfeln
1 Knoblauchzehe	abziehen, durchpressen mit den Schalottenwürfeln,
50 g Butter	im geschlossenen Mikrowellengeschirr bei voller Leistung andünsten

500 Watt-Herd bei 100 % = 4–5 min.
600/650 Watt-Herd bei 100 % = 3–4 min.
700/750 Watt-Herd bei 100 % = 2–3 min.

	die gehackten Schnecken hinzufügen, verrühren, im geschlossenen Mikrowellengeschirr bei voller Leistung in 1-2 min. erhitzen
	die Schneckenflüssigkeit mit
Fleischbrühe	auf 500 ml (½ l) Flüssigkeit auffüllen, mit
250 ml (¼ l) Weißwein	zu den Schnecken geben, im geschlossenen Mikrowellengeschirr bei voller Leistung erhitzen

500 Watt-Herd bei 100 %	=	10 –	12	min.
600/650 Watt-Herd bei 100 %	=	8 –	9	min.
700/750 Watt-Herd bei 100 %	=	7 –	8	min.

1 Becher (150 g) Crème fraîche	unterrühren

Fortsetzung Seite 64

1 schwach gehäuften EßI. Speisestärke	mit
3-4 EßI. kaltem Wasser	anrühren
2 Eigelb	unterrühren, in die Suppe rühren, die restlichen Schnecken vierteln, hinzufügen die Schneckensuppe mit
Salz frisch gemahlenem weißem Pfeffer geriebener Muskatnuß	würzen, im geschlossenen Mikrowellengeschirr bei voller Leistung erhitzen
	500 Watt-Herd bei 100 % = 5–6 min. 600/650 Watt-Herd bei 100 % = 4–5 min. 700/750 Watt-Herd bei 100 % = 3–4 min.
	die Suppe durchrühren
2-3 EßI. Sherry medium	mit
2-3 EßI. gemischten, gehackten Kräutern (z.B. Zitronenmelisse, Majoran, Estragon, Thymian)	unterrühren die Suppe evtl. nochmals mit den Gewürzen abschmekken, auf Suppentassen verteilen.
Beigabe:	Kleine, mit Knoblauchbutter überbackene Toastscheiben.

PAPRIKA-ZUCCHINI-SUPPE

(2-3 Portionen, Foto S. 65)

1 Zwiebel 1 Knoblauchzehe	
	beide Zutaten abziehen, fein würfeln, mit
2 EßI. Olivenöl oder Margarine, z. B. Sanella	in ein Mikrowellengeschirr geben
125 g Zucchini	putzen, waschen, die Enden abschneiden
100 g grüne und 100 g rote Paprikaschote	halbieren, entstielen, entkernen, die weißen Scheidewände entfernen, die Schoten waschen, mit den Zucchini in Würfel schneiden das Gemüse mit
375 ml (3/8 l) heißer	

Gemüsebrühe	zu den Zwiebel-Knoblauchwürfeln geben, mit
Vollmeersalz frisch gemahlenem weißem Pfeffer Paprika edelsüß	würzen, im geschlossenen Mikrowellengeschirr bei voller Leistung garen

500 Watt-Herd bei 100 % = 14–15 min.
600/650 Watt-Herd bei 100 % = 12–13 min.
700/750 Watt-Herd bei 100 % = 10–12 min.

	die Suppe mit
½ Teel. Apfelessig	abschmecken
1 Bund Basilikum	unter fließendem kaltem Wasser abspülen, trockentupfen, die Blättchen von den Stengeln zupfen, fein hacken, über die Suppe geben.

LEBERNOCKENSUPPE MIT GEMÜSE

(2-3 Portionen, Foto S. 67)

1 mittelgroße Zwiebel	abziehen, fein würfeln
1 Möhre 1 Stück Sellerei	
	beide Zutaten schälen, waschen, in feine Streifen schneiden
1 Stück Porree (Lauch)	putzen, waschen, in feine Streifen schneiden das Gemüse mit
1 Eßl. Margarine, z.B. Sanella	in einem geschlossenen Mikrowellengeschirr bei voller Leistung dünsten
	500 Watt-Herd bei 100 % = 6–81 min. 600/650 Watt-Herd bei 100 % = 5–6 min. 700/750 Watt-Herd bei 100 % = 4–5 min.
375 ml (3/8 l) heiße Geflügel- oder Fleischbrühe	hinzugießen (Foto 1), mit
Salz, Pfeffer geriebener Muskatnuß	würzen, im geschlossenen Mikrowellengeschirr bei voller Leistung fortgaren
	500 Watt-Herd bei 100 % = 9–11 min. 600/650 Watt-Herd bei 100 % = 8–10 min. 700/750 Watt-Herd bei 100 % = 7– 9 min.
100 g Rinderleber	unter fließendem kaltem Wasser abspülen, trockentupfen, durch die feine Scheibe des Fleischwolfs drehen oder sehr fein hacken
40 g Butter 1 Ei ½ Teel. geriebene Zitronenschale	hinzufügen (Foto 2)
1 kleine Zwiebel	abziehen, sehr fein würfeln, unterrühren die Zutaten mit dem Schneebesen zu einer glatten Masse verarbeiten, mit Salz, Pfeffer, geriebener Muskatnuß,
gerebeltem Majoran	würzen, die Lebermasse mit
40-50 g Semmelmehl	verrühren mit einem Teelöffel Lebernocken abstechen, in die kochende Suppe geben (Foto 3), im geschlossenen Mikrowellengeschirr fortgaren

Fortsetzung Seite 68

500 Watt-Herd bei 100 % = 6–8 min.
600/650 Watt-Herd bei 60-75 % = 6–8 min.
700/750 Watt-Herd bei 60-75 % = 5–7 min.

2 Eßl. feingeschnittenem Schnittlauch	bestreut servieren.
Tip:	Für die Mikrowelle geeignetes Geschirr: Glas, Porzellan, Keramik, hitzebeständiger Kunststoff. Ungeeignetes Geschirr: Geschirr aus Metall oder Geschirr, das mit diesem Material versehen ist.

REIS-MÖHREN-SUPPE MIT LIMONEN

(Etwa 2 Portionen, Foto S. 69)

1 kleine Zwiebel	abziehen, fein würfeln, mit
1 Eßl. Butter oder Margarine, z. B. Sanella	
50 g Langkornreis	im geschlossenen Mikrowellengeschirr bei voller Leistung andünsten

500 Watt-Herd bei 100 % = 4–5 min.
600/650 Watt-Herd bei 100 % = 3–4 min.
700/750 Watt-Herd bei 100 % = 2–3 min.

75 g Möhren	putzen, waschen, in Würfel schneiden, mit
500 ml (½ l) heißer Gemüsebrühe	zu dem Reis geben, mit
Salz	würzen, im geschlossenen Mikrowellengeschirr bei voller Leistung erhitzen

500 Watt-Herd bei 100 % = 5–7 min.
600/650 Watt-Herd bei 100 % = 4–6 min.
700/750 Watt-Herd bei 100 % = 3–5 min.

die Gemüsebrühe einmal umrühren, im geschlossenen Mikrowellengeschirr garen

500 Watt-Herd bei 60-75 % = 11–12 min.
600/650 Watt-Herd bei 50-60 % = 11–12 min.
700/750 Watt-Herd bei 50-60 % = 10–11 min.

	die Reis-Möhrensuppe abgedeckt außerhalb des Mikrowellenherdes etwa 5 Minuten stehenlassen, den
Saft von 1 Limone	unterrühren, die Suppe mit Salz,
frisch gemahlenem weißem Pfeffer	abschmecken, evtl. nochmals kurz bei voller Leistung erhitzen, mit
dünnen Limonenscheiben	garniert servieren.

APRIKOSEN-KALTSCHALE

(3-4 Portionen)

750 ml (3/4 l) Wasser oder halb Wasser, halb Weißwein	mit
60 g Zucker 1 Päckchen Vanillin-Zucker 1 Stück Stangenzimt 30 g Sago	im geschlossenen Mikrowellengeschirr bei voller Leistung garen

Fortsetzung Seite 70

500 Watt-Herd bei 100 % = 10–11 min.
600/650 Watt-Herd bei 100 % = 8–10 min.
700/750 Watt-Herd bei 100 % = 7– 8 min.

den Sago ein- bis zweimal umrühren, im geschlossenen Mikrowellengeschirr weitergaren

500 Watt-Herd bei 60-75 % = 10–11 min.
600/650 Watt-Herd bei 50-60 % = 9–10 min.
700/750 Watt-Herd bei 40-50 % = 8– 9 min.

500 g Aprikosen	waschen, abtrocknen, halbieren, entsteinen, das Aprikosenfleisch in Streifen schneiden, in die Sago-Flüssigkeit geben, im geschlossenen Mikrowellengeschirr bei voller Leistung erhitzen

500 Watt-Herd bei 100 % = 5–6 min.
600/650 Watt-Herd bei 100 % = 4–5 min.
700/750 Watt-Herd bei 100 % = 2–3 min.

250 ml (¼ l) Aprikosen-Nektar	unterrühren, die Flüssigkeit erkalten lassen die Kaltschale mit
Zucker, Zitronensaft	abschmecken.

CREMESUPPE MIT ROTEN LINSEN

(Etwa 3 Portionen, Foto S. 71)

1 Zwiebel	abziehen, würfeln
1 Stange Staudensellerie	putzen, waschen, in Scheiben schneiden
1 Möhre	putzen, waschen
1 kleine rote Paprikaschote	halbieren, entstielen, entkernen, die weißen Scheidewände entfernen, die Schote waschen Möhre und Paprikaschote in Würfel schneiden
100 g Schinkenspeck	in Würfel schneiden, die 5 Zutaten mit
2 Eßl. Speiseöl	im geschlossenen Mikrowellengeschirr bei voller Leistung dünsten

500 Watt-Herd bei 100 % = 7–8 min.
600/650 Watt-Herd bei 100 % = 6–7 min.
700/750 Watt-Herd bei 100 % = 5–6 min.

	das Gemüse mit
Salz frisch gemahlenem weißem Pfeffer	würzen
500 ml (½ l) heiße Fleischbrühe 125 g rote Linsen 1 Eßl. Tomatenmark 125 ml (⅛ l) Rotwein	hinzufügen, gut verrühren, die Suppe im geschlossenen Mikrowellengeschirr bei voller Leistung garen

500 Watt-Herd bei 100 % = 7–8 min.
600/650 Watt-Herd bei 100 % = 6–7 min.
700/750 Watt-Herd bei 100 % = 5–6 min.

die Suppe zwei- bis dreimal umrühren, im geschlossenen Mikrowellengeschirr fortgaren

500 Watt-Herd bei 60-75 % = 11–13 min.
600/650 Watt-Herd bei 50-60 % = 11–13 min.
700/750 Watt-Herd bei 50-60 % = 10–12 min.

die Suppe grob pürieren, nochmals mit den Gewürzen abschmecken, die Suppe auf Teller verteilen

100 g Crème double mit 2 Eßl. Sauerkirsch- Konfitüre	verrühren, zu der Cremesuppe reichen.

Eintöpfe

Eintöpfe

KIDNEY-BOHNENTOPF NEVADA

(2-3 Portionen, Foto S. 72/73)

	Ein Bräunungsgeschirr bei voller Leistung = 100% 6-8 min. erhitzen
100 g Rindergehacktes	mit
1 Eßl. Margarine, z. B. Sanella	im offenen Bräunungsgeschirr bei voller Leistung braten, zwischendurch einmal umrühren
	500 Watt-Herd bei 100 % = 10–12 min. 600/650 Watt-Herd bei 100 % = 8–10 min. 700/750 Watt-Herd bei 100 % = 7– 9 min.
1 Knoblauchzehe 1 Zwiebel	beide Zutaten abziehen, fein würfeln
1 Möhre 1 Stück Staudensellerie	putzen, waschen, in feine Würfel schneiden, mit den Knoblauch- und Zwiebelwürfeln zum Fleisch geben, im geschlossenen Bräunungsgeschirr fortgaren
	500 Watt-Herd bei 100 % = 8–10 min. 600/650 Watt-Herd bei 60-75 % = 8–10 min. 700/750 Watt-Herd bei 60-75 % = 7– 9 min.
3 Eßl. Curryketchup	unterrühren
250 ml (¼ l) heiße Gemüse- oder Fleischbrühe etwa 255 g Kidneybohnen (aus der Dose)	hinzufügen
1 Paar Pfeffer- oder Paprikawürstchen (etwa 150 g)	in Scheiben oder Würfel schneiden, unter den Eintopf rühren, mit
Salz frisch gemahlenem weißem Pfeffer Cayennepfeffer Paprikapulver Currypulver	würzen den Eintopf im geschlossenen Bräunungsgeschirr bei voller Leistung fortgaren

500 Watt-Herd bei 100 % = 10–12 min.
600/650 Watt-Herd bei 100 % = 7– 9 min.
700/750 Watt-Herd bei 100 % = 6– 8 min.

75 g saure Sahne	unterrühren den Eintopf mit
2 Eßl. feingeschnittenem Schnittlauch	bestreut servieren.
Beigabe:	Kräftiges Graubrot.

GRIECHISCHE BOHNENSUPPE

(2-3 Portionen)

50 g durchwachsenen, geräucherten Speck	in feine Würfel schneiden
2 Hähnchenbrustfilets (etwa 200 g)	unter fließendem kaltem Wasser abspülen, trockentupfen, in feine Würfel schneiden, mit
1 Eßl. Margarine, z. B. Sanella	in einem geschlossenen Mikrowellengeschirr bei voller Leistung braten

500 Watt-Herd bei 100% = 8-10 min.
600/650 Watt-Herd bei 100% = 7- 8 min.
700/750 Watt-herd bei 100% = 6- 7 min.

1 mittelgroße Zwiebel	abziehen, fein würfeln
1 Möhre	putzen, waschen, in feine Würfel schneiden
100 g junge Grüne Bohnen	abfädeln, waschen, kleinschneiden
1 kleine Zucchini (etwa 150 g)	waschen, halbieren, entkernen, in Würfel schneiden das Gemüse zum Fleisch geben, im geschlossenen Mikrowellengeschirr bei voller Leistung mitgaren

500 Watt-Herd bei 100% = 10-12 min.
600/650 Watt-Herd bei 100% = 8-10 min.
700/750 Watt-Herd bei 100% = 7- 8 min.

Fortsetzung Seite 76

250 ml (¼ l) heiße Geflügelbrühe	hinzugießen
½ Teel. gerebeltes Bohnenkraut ½ Teel. gerebelten Majoran	unterrühren
1 kleine Peperoni	halbieren, entkernen, waschen, die Peperoni fein hacken, in die Suppe geben, die Suppe mit
Salz, Pfeffer geriebener Muskatnuß	würzen, im geschlossenen Mikrowellengeschirr bei voller Leistung erhitzen
	500 Watt-Herd bei 100% = 6-8 min. 600/650 Watt-Herd bei 100% = 5-6 min. 700/750 Watt-Herd bei 100% = 4-5 min.
	die griechische Bohnensuppe nochmals mit den Gewürzen abschmecken je 1 von
2 Teel. saurer Sahne	über die Suppe geben, mit
feingeschnittenem Schnittlauch	bestreut servieren.

KARTOFFEL-MÖHREN-EINTOPF

(3-4 Portionen, Foto S. 77)

500 g Schweinerippchen	unter fließendem kaltem Wasser abspülen, trockentupfen, in kleine Stücke schneiden, mit
1 Eßl. Speiseöl oder Margarine, z. B. Sanella 1 Eßl. Zucker	verrühren, im offenen Mikrowellengeschirr bei voller Leistung anbraten
	500 Watt-Herd bei 100 % = 9–10 min. 600/650 Watt-Herd bei 100 % = 8– 9 min. 700/750 Watt-Herd bei 100 % = 7– 8 min.
	das Fleisch nach der Hälfte der Anbratzeit wenden
250 g Kartoffeln	schälen, waschen, in Würfel schneiden
500 g Möhren	putzen, waschen, in Scheiben schneiden
3 Frühlingszwiebeln	putzen, waschen, in Ringe schneiden die 3 Zutaten mit

250-375 ml (1/4-3/8 l) heißer Hühnerbrühe	zu dem Fleisch geben, mit
Salz, Pfeffer	würzen, im geschlossenen Mikrowellengeschirr bei voller Leistung zum Kochen bringen

500 Watt-Herd bei 100 % = 7–8 min.
600/650 Watt-Herd bei 100 % = 6–7 min.
700/750 Watt-Herd bei 100 % = 5–6 min.

bei reduzierter Leistung fortgaren

500 Watt-Herd bei 60-75 % = 18–20 min.
600/650 Watt-Herd bei 50-60 % = 17–19 min.
700/750 Watt-Herd bei 50-60 % = 15–17 min.

125ml (1/8 l) Schlagsahne	mit
1 Eßl. Dijonsenf 2 Eßl. hellem Saucenbinder	verrühren, unter den Eintopf rühren, nochmals bei voller Leistung 2-4 min. erhitzen, den Eintopf mit
1-2 Eßl. Kresse	bestreuen.

Eintöpfe

LAMM-GEMÜSE-EINTOPF

(2-3 Portionen, Foto S. 79)

500 g Lammfleisch	unter fließendem kaltem Wasser abspülen, trockentupfen, in Würfel schneiden
1 Zwiebel	abziehen, würfeln
2 Knoblauchzehen	abziehen, durchpressen die 3 Zutaten mit
1 Lorbeerblatt einigen Rosmarinnadeln	im geschlossenen Mikrowellengeschirr bei voller Leistung anbraten
	500 Watt-Herd bei 100 % = 9–10 min. 600/650 Watt-Herd bei 100 % = 8– 9 min. 700/750 Watt-Herd bei 100 % = 7– 8 min.
	zwischendurch einmal umrühren
375 g mehlig-kochende Kartoffeln	schälen, waschen, in sehr dünne Scheiben schneiden
250 g Zucchini	waschen, die Enden abschneiden, die Zucchini in Scheiben schneiden
250 g enthäutete Tomaten	in Scheiben schneiden die 3 Zutaten auf das Fleisch schichten, jede Schicht mit
Salz, Pfeffer	bestreuen
100 ml heiße Fleischbrühe 100 ml trockenen Weißwein	hinzugießen, im geschlossenen Mikrowellengeschirr bei voller Leistung garen
	500 Watt-Herd bei 100 % = 12–14 min. 600/650 Watt-Herd bei 100 % = 11–12 min. 700/750 Watt-Herd bei 100 % = 10–11 min.
	bei reduzierter Leistung fortgaren
	500 Watt-Herd bei 60-75 % = 21–23 min. 600/650 Watt-Herd bei 50-60 % = 21–23 min. 700/750 Watt-Herd bei 50-60 % = 20–22 min.
	den Eintopf abgedeckt außerhalb des Mikrowellenherdes etwa 5 Minuten stehenlassen, evtl. mit Salz, Pfeffer abschmecken.
Beigabe:	Blattsalat.

Eintöpfe

WURZEL-SCHICHT-SUPPE

(Etwa 3 Portionen, Foto S.81)

125 g Möhren 125 g Knollensellerie	
	beide Zutaten putzen, waschen, in Scheiben schneiden
125 g Kartoffeln	schälen, waschen
125 g Hähnchenbrustfilet 125 g Kasseler	
	das Fleisch unter fließendem kaltem Wasser abspülen, trockentupfen, mit den Kartoffeln in etwa ½ cm breite, 3 cm lange Streifen schneiden
1 Stange Porree	putzen, längs halbieren, gründlich waschen, in Ringe schneiden
75 g mittelalten Gouda-Käse	reiben
1 kleines Lorbeerblatt	in Stücke brechen die Zutaten in ein Mikrowellengeschirr schichten, zuerst die Kartoffelstreifen mit
Salz, Pfeffer	bestreuen, ⅓ der Lorbeerblattstücke darauf streuen, dann die Kasselerfleischstreifen darüber geben, mit ⅓ der Lorbeerblattstücke bestreuen, mit Salz, Pfeffer würzen, darauf die Porreeringe, das Hähnchenfleisch und die Selleriescheiben verteilen, ebenfalls mit Salz, Pfeffer würzen, mit den restlichen Lorbeerblattstücken bestreuen, mit
625 ml heißer Knochenbrühe	übergießen, mit dem geriebenen Käse bestreuen, im offenen Mikrowellengeschirr bei voller Leistung garen

500 Watt-Herd bei 100 %	= 10–12 min.
600/650 Watt-Herd bei 100 %	= 8–10 min.
700/750 Watt-Herd bei 100 %	= 6– 8 min.

bei reduzierter Leistung fortgaren

500 Watt-Herd bei 60-75 %	= 22–24 min.
600/650 Watt-Herd bei 50-60 %	= 22–24 min.
700/750 Watt-Herd bei 50-60 %	= 20–22 min.

den Eintopf abgedeckt einige Minuten außerhalb des Mikrowellenherdes stehenlassen, mit einem Holzstäbchen prüfen, ob die Zutaten gar sind.

UNGARISCHER GRAUPENEINTOPF

(2-3 Portionen)

1 kleine, grüne Paprikaschote (etwa 100 g) 1 kleine, rote Paprikaschote (etwa 100 g)	halbieren, entstielen, die weißen Scheide wände entfernen, die Schoten waschen, in Würfel schneiden
1 mittelgroße Zwiebel 1 Knoblauchzehe	beide Zutaten abziehen, fein würfeln, mit dem Gemüse,
3 Eßl. Graupen 1 Eßl. Butter 125 ml (1/8 l) heißer Fleischbrühe	in einem geschlossenen Mikrowellengeschirr bei voller Leistung garen
	500 Watt-Herd bei 100 % = 10–12 min. 600/650 Watt-Herd bei 100 % = 8–10 min. 700/750 Watt-Herd bei 100 % = 7– 9 min.
1 Eßl. Tomatenmark	unterrühren
1 Zucchini (etwa 250 g)	waschen, halbieren, in Stücke schneiden, in den Eintopf

Fortsetzung Seite 82

	geben
2 Paar Debrecziner (Knoblauchwürstchen)	in Scheiben schneiden, unterrühren
250 ml (¼ l) heiße Fleischbrühe	hinzugießen, mit
Salz, Pfeffer Paprikapulver Currypulver Cayennepfeffer Zucker	würzen, im geschlossenen Mikrowellengeschirr fortgaren

500 Watt-Herd bei 100 % = 15–18 min.
600/650 Watt-Herd bei 60-75 % = 15–18 min.
700/750 Watt-Herd bei 60-75 % = 12–15 min.

	den Graupeneintopf nochmals mit den Gewürzen abschmecken
	auf jede Portion 1 Eßlöffel von
2 Eßl. Crème fraîche	geben.

LAMMPILAW

(2-3 Portionen, Foto S. 83)

375 g Lammfleisch	unter fließendem kaltem Wasser abspülen, trockentupfen, in Würfel schneiden mit
1 Eßl. Speiseöl oder Margarine, z. B. Sanella	im geschlossenen Mikrowellengeschirr bei voller Leistung anbraten

500 Watt-Herd bei 100 % = 7–8 min.
600/650 Watt-Herd bei 100 % = 6–7 min.
700/750 Watt-Herd bei 100 % = 5–6 min.

	das Fleisch zwischendurch einmal umrühren
150 g Knollensellerie	schälen, waschen,
1 Zwiebel	abziehen
150 g enthäutete Tomaten	
	die 3 Zutaten in Würfel schneiden, zu dem Fleisch geben, mit
gerebeltem Thymian	

Salz	
Pfeffer	
Paprika edelsüß	würzen
1 Knoblauchzehe	abziehen, darüber pressen
375 ml (3/8 l)	
heiße Fleischbrühe	hinzugießen
75-100 g Langkornreis	unterrühren, im geschlossenen Mikrowellengeschirr bei voller Leistung garen

500 Watt-Herd bei 100 %	= 16–18 min.
600/650 Watt-Herd bei 100 %	= 8– 9 min.
700/750 Watt-Herd bei 100 %	= 7– 8 min.

das Pilaw einmal umrühren fortgaren

500 Watt-Herd bei 60-75 %	= 18–20 min.
600/650 Watt-Herd bei 50-60 %	= 16–18 min.
700/750 Watt-Herd bei 50-60 %	= 15–17 min.

	das Lammpilaw etwa 5 Minuten abgedeckt außerhalb des Mikrowellenherdes stehenlassen, mit
gehackter Petersilie	bestreuen.

Eintöpfe

REISFLEISCH

(3-4 Portionen, Foto S. 85)

	Ein Bräunungsgeschirr bei voller Leistung = 100% = 6-8 min. erhitzen
1 Zwiebel	abziehen, fein würfeln
500 g Schweinefleisch	unter fließendem kaltem Wasser abspülen, trockentupfen, in Würfel schneiden, mit den Zwiebelwürfeln und
1 Eßl. Butterschmalz oder Margarine, z. B. Sanella	in der geschlossenen Bräunungsschüssel bei voller Leistung braten
	500 Watt-Herd bei 100 % = 9–11 min. 600/650 Watt-Herd bei 100 % = 7– 9 min. 700/750 Watt-Herd bei 100 % = 5– 7 min.
	zwischendurch umrühren, (Foto 1),
500 g enthäutete Tomaten	in Würfel schneiden (Foto 2), mit
1 Teel. Paprika edelsüß 1 Teel. Tomatenmark 100 g Langkornreis 125 ml (1/8 l) Wasser	zu dem Fleisch geben, bei voller Leistung garen
	500 Watt-Herd bei 100 % = 10–11 min. 600/650 Watt-Herd bei 100 % = 9–11 min. 700/750 Watt-Herd bei 100 % = 7– 9 min.
	bei reduzierter Leistung fortgaren
	500 Watt-Herd bei 60-75 % = 25–30 min. 600/650 Watt-Herd bei 50-60 % = 25–30 min. 700/750 Watt-Herd bei 50-60 % = 20–25 min.
	das Reisfleisch abgedeckt 5-10 min. außerhalb des Mikrowellenherdes stehenlassen, mit
gehackter Petersilie geriebenem Käse	bestreuen (Foto 3).

Eintöpfe

BUNTER WEISSKOHL-EINTOPF

(Etwa 3 Portionen, Foto S. 87)

400 g Weißkohl (vorbereitet gewogen)	waschen, achteln, in dünne Streifen schneiden
1 Möhre (etwa 200 g)	putzen, waschen
1 Stück Knollensellerie (etwa 150 g)	schälen, waschen
375 g Kartoffeln	schälen, waschen
1 Stange Porree (etwa 100 g)	putzen, längs halbieren, gründlich waschen, das Gemüse kleinschneiden (den Porree in Ringe)
50 g durchwachsenen Speck	in Würfel schneiden
1 Zwiebel	abziehen, würfeln beide Zutaten mit
1 Eßl. Margarine, z. B. Sanella	im offenen Mikrowellengeschirr bei voller Leistung 3-4 min. andünsten, umrühren, den Weißkohl hinzufügen, im geschlossenen Mikrowellengeschirr bei voller Leistung 3-5 min. dünsten, umrühren das restliche Gemüse hinzufügen, im geschlossenen Mikrowellengeschirr bei voller Leistung dünsten

500 Watt-Herd bei 100 % = 5–6 min.
600/650 Watt-Herd bei 100 % = 4–5 min.
700/750 Watt-Herd bei 100 % = 3–4 min.

	das Gemüse umrühren
gut 375 ml (3/8 l) heiße Fleischbrühe	hinzugießen, mit
gerebeltem Majoren	würzen
1 runde Kohlwurst	mehrmals mit einem Holzstäbchen einstechen, auf des Gemüse legen, im geschlossenen Mikrowellengeschirr bei voller Leistung garen die Wurst nach der Hälfte der Garzeit wenden

500 Watt-Herd bei 100 % = 12–14 min.
600/650 Watt-Herd bei 100 % = 10–12 min.
700/750 Watt-Herd bei 100 % = 8–10 min.

den Eintopf einmal umrühren, mit reduzierter Leistung vorgaren

500 Watt-Herd bei 60-75 % = 18–20 min.
600/650 Watt-Herd bei 50-60 % = 18–20 min.
700/750 Watt-Herd bei 50-60 % = 17–18 min.

	den Eintopf während des Fortgarens noch zwei- bis dreimal umrühren, mit
Salz frisch gemahlenem weißem Pfeffer	abschmecken, mit
2 Eßl. gehackter Petersilie	bestreut servieren.
Beigabe:	Stangenweißbrot.

GEMÜSETERRINE MIT METTKLÖSSCHEN

(2-3 Portionen, Foto S. 89)

1 mittelgroße Zwiebel	abziehen, fein würfeln
1 Möhre (Karotte)	putzen, waschen, in Würfel schneiden
1 Stück Porree (Lauch)	putzen, länge halbieren, gründlich waschen, in Streifen oder Ringe schneiden (Foto 1)
200 g Kartoffeln	schälen, waschen, in Würfel schneiden das Gemüse in ein Mikrowellengeschirr geben
100 ml heiße Gemüsebrühe	hinzugießen (Foto 2)
1 Lorbeerblatt 1 Teel. gehackten Rosmarin 1 Teel. gehackten Thymian	hinzufügen die Zutaten im geschlossenen Mikrowellengeschirr bei voller Leistung garen
	500 Watt-Herd bei 100 % = 8–10 min. 600/650 Watt-Herd bei 100 % = 6– 8 min. 700/750 Watt-Herd bei 100 % = 5– 7 min.
150 ml heiße Fleischbrühe	hinzugießen, mit
Salz, Pfeffer geriebener Muskatnuß	würzen, im geschlossenen Mikrowellengeschirr bei voller Leistung 3-4 min. erhitzen
200 g gewürztes Schweinemett	mit
2 Eßl. Semmelmehl 1 Eigelb 2 Eßl. gehackter Petersilie	verrühren, mit Salz, Pfaffer würzen (Foto 3), aus der Masse mit feuchten Händen kleine Klößchen formen die Klößchen in die kochende Gemüsesuppe geben, fortgaren
	500 Watt-Herd bei 60-75 % = 6–8 min. 600/650 Watt-Herd bei 60-75 % = 6–8 min. 700/750 Watt-Herd bei 60-75 % = 5–7 min.
	die Gemüseterrine nochmals mit den Gewürzen abschmecken, anrichten, mit
1 Eßl. gehackter Petersilie	bestreut servieren.

1/4 Ltr.
1/8 Ltr.

Eintöpfe

MINESTRONE

(2-3 Portionen, Foto S. 91)

1 Knoblauchzehe 1 Zwiebel	beide Zutaten abziehen, fein würfeln
1 Stück Staudensellerie	putzen, waschen, in Scheiben schneiden
1 Möhre	putzen, waschen, in feine Scheiben schneiden
1 kleine Zucchini (etwa 200 g)	waschen, halbieren, mit einem Teelöffel das Kerngehäuse herauslösen, das Fruchtfleisch in Scheiben schneiden das Gemüse mit
1 Eßl. Margarine, z. B. Sanella	in ein Mikrowellengeschirr geben
3 enthäutete Tomaten (etwa 300 g)	halbieren, die Stengelansätze herausschneiden, die Tomaten entkernen, das Fruchtfleisch in Würfel schneiden, zum Gemüse geben, im geschlossenen Mikrowellengeschirr bei voller Leistung dünsten

500 Watt-Herd bei 100 %	= 10–12 min.
600/650 Watt-Herd bei 100 %	= 8–10 min.
700/750 Watt-Herd bei 100 %	= 7– 9 min.

500 ml (½ l) heiße Gemüsebrühe	hinzugießen
½ Teel. gehacktem Salbei ½ Teel. gehacktem Thymian 50 g Suppennudeln (Muscheln oder Fadennudeln)	in die Suppe geben
75 g gekochten Schinken	in dünne Streifen schneiden, unter die Suppe rühren, mit
Salz Pfeffer Zucker Cayennepfeffer	würzen, im geschlossenen Mikrowellengeschirr fortgaren

500 Watt-Herd bei 100 %	= 8–10 min.
600/650 Watt-Herd bei 60-75 %	= 8–10 min.
700/750 Watt-Herd bei 60-75 %	= 7– 9 min.

die Suppe nochmals abschmecken

1 Eßl. geriebenen Parmesan-Käse	unterziehen, nach Belieben
½ Bund feingeschnittenen Schnittlauch	über die Suppe streuen.

TOMATENTOPF MIT NUDELN

(2-3 Portionen, Foto S. 93)

1 mittelgroße Zwiebel	abziehen, fein würfeln
1 Knoblauchzehe	
	beide Zutaten abziehen, fein würfeln
50 g gekochten Schinken	in kleine Würfel schneiden (Foto 1)
	von
100 g jungem Broccoli	die Blätter entfernen, die Stengel am Strunk schälen, bis kurz vor den Röschen kreuzförmig einschneiden,

	waschen, gut abtropfen lassen, die Zutaten mit
1 Eßl. Butter oder Margarine, z. B. Sanella	
2 Eßl. Weißwein	in einem geschlossenen Mikrowellengeschirr bei voller Leistung garen

500 Watt-Herd bei 100 %	=	8–10 min.
600/650 Watt-Herd bei 100 %	=	6– 8 min.
700/750 Watt-Herd bei 100 %	=	5– 7 min.

250 ml (¼ l) heißen Tomatensaft	
125 ml (⅛ l) heiße Gemüse- oder Fleischbrühe	
40 g Suppennudeln	hinzufügen (Foto 2) im geschlossenen Mikrowellengeschirr fortgaren

500 Watt-Herd bei 60-75 %	=	10–15 min.
600/650 Watt-Herd bei 40-50 %	=	10–15 min.
700/750 Watt-Herd bei 40-50 %	=	8–12 min.

4 enthäutete Tomaten (etwa 400 g)	halbieren, die Stengelansätze herausschneiden, die Tomaten entkernen, das Fruchtfleisch in Würfel schneiden (Foto 3), mit
1 Teel. gehacktem Oregano	
1 Teel. gehacktem Basilikum	unter die Zutaten rühren, mit
Salz, Pfeffer	
Cayennepfeffer	
Zucker	
Gin	abschmecken, im geschlossenen Mikrowellengeschirr bei voller Leistung erhitzen

500 Watt-Herd bei 100 %	=	5–7 min.
600/650 Watt-Herd bei 100 %	=	4–5 min.
700/750 Watt-Herd bei 100 %	=	3–4 min.

	den Tomatentopf nochmals mit den Gewürzen abschmecken, mit
2 Eßl. Schlagsahne	verfeinern, mit
gehacktem Basilikum	bestreut servieren.

Eintöpfe

BAUERNSUPPE

(2-3 Portionen, Foto S. 95)

	Ein Bräunungsgeschirr bei voller Leistung = 100 % 6-8 min. erhitzen
375 g Rindfleisch	unter fließendem kaltem Wasser abspülen, trockentupfen, in Würfel schneiden, mit
2-3 Eßl. Speiseöl oder Margarine, z. B. Sanella	im geschlossenen Mikrowellengeschirr bei voller Leistung garen

500 Watt-Herd bei 100 % = 11–13 min.
600/650 Watt-Herd bei 100 % = 10–12 min.
700/750 Watt-Herd bei 100 % = 8–10 min.

1 Zwiebel	
1 Knoblauchzehe	beide Zutaten abziehen, würfeln, zu dem Fleisch geben, mit
Salz	
frisch gemahlenem weißem Pfeffer	
Paprika edelsüß	würzen
500 ml (½ l) heiße Fleischbrühe	hinzugießen
250 g Kartoffeln	schälen, waschen
125 g Möhren	putzen, waschen beide Zutaten in Würfel schneiden
1 Stange Porree	putzen, längs halbieren, gründlich waschen, in Ringe schneiden das Gemüse zu dem Fleisch geben, im geschlossenen Mikrowellengeschirr bei voller Leistung garen

500 Watt-Herd bei 100 % = 17–19 min.
600/650 Watt-Herd bei 100 % = 15–17 min.
700/750 Watt-Herd bei 100 % = 13–15 min.

150 g tiefgekühlte Erbsen	hinzufügen
1 kleine Mettwurst (etwa 100 g)	in Scheiben schneiden
50 g rohen Schinken	in Streifen schneiden die beiden Zutaten in die Suppe geben, im geschlossenen

Mikrowellengeschirr bei voller Leistung fortgaren

500 Watt-Herd bei 100 %	= 8–9 min.
600/650 Watt-Herd bei 100 %	= 7–8 min.
700/750 Watt-Herd bei 100 %	= 6–7 min.

	die Bauernsuppe mit
gehackter Petersilie	bestreuen.
Beigabe:	Bauernbrot.

AFRIKANISCHER LAMMEINTOPF

(2-3 Portionen, Foto S. 97)

300 g Lammkeule ohne Knochen	von Haut und Fett befreien, unter fließendem kaltem Wasser abspülen, trockentupfen, in dünne Scheiben oder Streifen schneiden
2 Eßl. Olivenöl oder Margarine, z. B. Sanella	in einer Pfanne auf dem konventionellen Herd erhitzen die Lammscheiben darin von beiden Seiten anbraten die Lammscheiben herausnehmen, mit
Salz frisch gemahlenem weißem Pfeffer gerebeltem Thymian	würzen
150 g kleine Zwiebeln	abziehen, im verbliebenen Bratfett dünsten, den Bratensatz mit
250 ml (1/4 l) heißem, klarem Bratenfond	loskochen die Lammscheiben mit den Zwiebeln und 1 Tasse Fond in einem Mikrowellengeschirr bei voller Leistung garen

500 Watt-Herd bei 100 %	= 15–20 min.
600/650 Watt-Herd bei 100 %	= 12–15 min.
700/750 Watt-Herd bei 100 %	= 10–12 min.

250 g Kartoffeln	schälen, waschen, kleinschneiden, mit dem restlichen Fond hinzufügen den Eintopf im geschlossenen Mikrowellengeschirr bei voller Leistung fortgaren

500 Watt-Herd bei 100 %	= 12–15 min.
600/650 Watt-Herd bei 100 %	= 10–12 min.
700/750 Watt-Herd bei 100 %	= 8–10 min.

250 g enthäutete Tomaten	vierteln, die Stengelansätze herauschneiden, mit
2 Eßl. Tomatenmark	in den Eintopf geben, im geschlossenen Mikrowellengeschirr fortgaren

500 Watt-Herd bei 100 %	= 10–15 min.
600/650 Watt-Herd bei 60-75 %	= 10–15 min.
700/750 Watt-Herd bei 60-75 %	= 8–12 min.

Fortsetzung Seite 98

	den Eintopf nochmals mit den Gewürzen abschmecken, mit
gehackter Petersilie	bestreut servieren.
Beigabe:	Gewürzbrot.
Tip:	Es ist empfehlenswert, Eintopfgerichte während des Garens ein- bis zweimal umzurühren. Eintöpfe und Suppen nach Beendigung der Garzeit einige Zeit außerhalb des Gerätes stehenlassen, sie garen dann noch nach.

CHINESISCHE HÜHNERSUPPE

(Etwa 3 Portionen, Foto S. 99)

10 g chinesische Pilze	mit
125 ml (1/8 l) Wasser	im geschlossenen Mikrowellengeschirr bei voller Leistung erhitzen
	500 Watt-Herd bei 100 % = 4–5 min. 600/650 Watt-Herd bei 100 % = 3–4 min. 700/750 Watt-Herd bei 100 % = 2–3 min.
	die Pilze in der Flüssigkeit abgedeckt etwa 15 Minuten außerhalb des Mikrowellenherdes quellen lassen
400 g Hühnerbrustfilet	unter fließendem kaltem Wasser abspülen, trockentupfen, in Würfel schneiden, mit den Pilzen und der Pilzflüssigkeit,
500 ml (1/2 l) heißer Hühnerbrühe 1 Päckchen tiefgekühltem Suppengrün (etwa 50 g)	im geschlossenen Mikrowellengeschirr bei voller Leistung garen
	500 Watt-Herd bei 100 % = 12–14 min. 600/650 Watt-Herd bei 100 % = 10–12 min. 700/750 Watt-Herd bei 100 % = 8–10 min.
etwa 170 g Bambussprossen (aus der Dose)	abtropfen lassen, in Scheiben schneiden, mit
etwa 30 g eingeweichten	

Glasnudeln	
3 Eßl. Sojasauce	in die Suppe geben, die Zutaten in der Suppe im geschlossenen Mikrowellengeschirr bei voller Leistung erhitzen

500 Watt-Herd bei 100 % = 7–8 min.
600/650 Watt-Herd bei 100 % = 6–7 min.
700/750 Watt-Herd bei 100 % = 5–6 min.

	die Suppe nach Belieben mit
Chilisauce	abschmecken.
Tip:	Die Gardauer einer Speise ist abhängig von der Menge, der Art und der Beschaffenheit (z.B. dem Wasser- und Fettgehalt) der Lebensmittel.

Eintöpfe

BOUILLABAISSE

(2-3 Portionen, Foto S. 101)

1 Zwiebel 1 Knoblauchzehe	beide Zutaten abziehen, würfeln
1 kleine Fenchelknolle (etwa 175 g)	schälen, waschen, in Würfel schneiden (Foto 1)
50 g Champignons	putzen, waschen, in Würfel schneiden
2 enthäutete Tomaten	halbieren, die Stengelansätze herausschneiden, das Tomatenfleisch in Würfel schneiden Zwiebel-, Knoblauch-, Fenchel- und Champignonwürfel mit
2 Eßl. Olivenöl oder Margarine, z. B. Sanella	im geschlossenen Mikrowellengeschirr bei voller Leistung andünsten 500 Watt-Herd bei 100 % = 6–8 min. 600/650 Watt-Herd bei 100 % = 5–6 min. 700/750 Watt-Herd bei 100 % = 4–5 min. das Gemüse umrühren
500 ml (½ l) heiße Fischbrühe 4 Pfefferkörner etwas Safran weißen Pfeffer	hinzufügen, die Zutaten bei voller Leistung im geschlossenen Mikrowellengeschirr in 5-7 min. zum Kochen bringen
300 g Fisch (z.B. Rotbarben, Peterfisch, Sardinen, Schellfisch)	ausnehmen (Foto 2), filieren, entgräten, den Fisch unter fließendem kaltem Wasser abspülen, in mundgerechte Stücke schneiden (Foto 3), im geschlossenen Mikrowellengeschirr bei voller Leistung garen 500 Watt-Herd bei 100 % = 7–9 min. 600/650 Watt-Herd bei 100 % = 6–8 min. 700/750 Watt-Herd bei 100 % = 5–7 min.
50 g Crevetten oder Gambas	kurz unter fließendem kaltem Wasser abspülen, mit den Tomatenwürfeln,
3 Eßl. trockenem	

Fortsetzung Seite 102

Weißwein	
etwas Pernod	hinzufügen, im geschlossenen Mikrowellengeschirr bei voller Leistung erhitzen
	500 Watt-Herd bei 100 % = 5–6 min. 600/650 Watt-Herd bei 100 % = 4–5 min. 700/750 Watt-Herd bei 100 % = 3–4 min.
Beigabe:	Baguette mit Knoblauchbutter.

BOHNEN, BIRNEN UND SPECK

(2-3 Portionen)

300 g durchwachsenen geräucherten Speck	mit der Schwarte nach oben in ein Mikrowellengeschirr geben
250 g Grüne Bohnen	abfädeln, waschen, gut abtropfen lassen, in Stücke schneiden
1 mittelgroße Zwiebel	abziehen, fein würfeln, mit den Bohnen,
100 ml Weißwein	
250 ml (¼ l) Rinderfond (Fertigprodukt)	
½ Teel. geschroteten Pfefferkörnern	
1 Lorbeerblatt	
2 Nelken	zum Speck geben, im geschlossenen Mikrowellengeschirr bei voller Leistung garen
	500 Watt-Herd bei 100 % = 12–15 min. 600/650 Watt-Herd bei 100 % = 10–12 min. 700/750 Watt-Herd bei 100 % = 8–10 min.
2 mittelgroße Kochbirnen (etwa 200 g)	schälen, vierteln, entkernen, zu den übrigen Zutaten geben
1 Teel. gerebeltes Bohnenkraut	unterrühren das Gericht im geschlossenen Mikrowellengeschirr fortgaren
	500 Watt-Herd bei 100 % = 18–22 min. 600/650 Watt-Herd bei 60-75 % = 18–22 min. 700/750 Watt-Herd bei 60-75 % = 16–20 min.

	das Gericht mit
Salz frisch gemahlenem weißem Pfeffer Zitronensaft Zucker	abschmecken

Tip: Besonders bei Gemüse sind die Garzeiten abhängig von der Frische und Qualität. Zarte Sommergemüse garen z.B. bedeutend schneller als Wintergemüse, das länger gelagert wird. Hierfür können sich die Garzeiten mehr als verdoppeln.

Eintöpfe

PUTENPILAW

(Etwa 3 Portionen, Foto S. 105)

	Ein Bräunungsgeschirr bei voller Leistung = 100% 6-8 min. erhitzen
500 g Putenschnitzelfleisch	unter fließendem kaltem Wasser abspülen, trockentupfen, in etwa 2 × 2 cm große Würfel schneiden, mit
1 Eßl. Butter oder Margarine, z. B. Sanella	im offenen Bräunungsgeschirr bei voller Leistung 1-3 min. erhitzen, das Fleisch wenden, nochmals etwa 1-2 min. bei voller Leistung erhitzen, mit
1 Eßl. Paprika edelsüß Salz weißem Pfeffer	würzen
150 g Langkornreis	mit
250 ml (¼ l) heißer Fleischbrühe	hinzufügen, im geschlossenen Bräunungsgeschirr bei voller Leistung garen, zwischendurch einmal umrühren
	500 Watt-Herd bei 100 % = 8–9 min. 600/650 Watt-Herd bei 100 % = 7–8 min. 700/750 Watt-Herd bei 100 % = 6–7 min.
2 Zwiebeln	abziehen, würfeln
1 Bund Suppengrün	putzen, waschen, in Scheiben schneiden
4 enthäutete Tomaten	achteln das Gemüse zu dem Reisfleisch geben, verrühren, mit Salz, Pfeffer würzen, im geschlossenen Bräunungsgeschirr bei voller Leistung garen
	500 Watt-Herd bei 100 % = 5–6 min. 600/650 Watt-Herd bei 100 % = 4–5 min. 700/750 Watt-Herd bei 100 % = 3–4 min.
	das Pilaw umrühren, bei reduzierter Leistung fortgaren
	500 Watt-Herd bei 50-60 % = 18–20 min. 600/650 Watt-Herd bei 40-50 % = 16–18 min. 700/750 Watt-Herd bei 40-50 % = 14–16 min.
	das Puten-Pilaw abgedeckt einige Minuten außerhalb

des Mikrowellenherdes stehenlassen, evtl. nochmals mit den Gewürzen abschmecken, mit

1-2 Eßl. gehackter Petersilie	bestreuen.
Beigabe:	Blattsalat.
Pilaw:	Auch Pilaf und Pilau. Herzhaftes Reisgericht aus der orientalischen Küche mit zahlreichen Rezepturen mit Hühner-, Lamm- oder Hammelfleisch, aber auch mit Puten- und Rindfleisch als Einlage.

Kapitelregister

Aufläufe Seite 14 – 41

Auberginenauflauf 29
Broccoli-Souffle 24
Fischauflauf mit Tomaten und Käse 36
Fruchtiger Zwiebackauflauf 40
Hackfleisch-Tomaten-Auflauf . . . 32
Käsekartoffeln mit Kräutern 33
Kartoffel-Zucchini-Auflauf 25
Kirsch-Quark-Auflauf 38
Lasagne Verde 18
Maisauflauf 28
Neapolitanischer Makkaroni-auflauf 26
Nudelauflauf 17
Quarkpudding 20
Reisauflauf 22
Schinken-Zwiebel-Auflauf 20
Zwiebackauflauf, fruchtiger 40
Zucchini-Tomaten-Auflauf 16

Suppen Seite 42 – 71

Aprikosen-Kaltschale 69
Badische Schneckensuppe 62
Blumenkohlsuppe mit Wurstscheiben 46
Broccolicremesuppe mit Mandeln . 50
Cremesuppe mit roten Linsen . . . 70
Erbsensuppe mit Hummerkrabben . 60
Feine Kräutersuppe 58
Feiner Hühnertopf 45
Gemüsesuppe mit Sprossen 44
Gulaschsuppe, Szegediner 56
Hühnertopf, feiner 45
Kerbelsuppe 52
Kräutersuppe, feine 58
Lebernockensuppe mit Gemüse . . 66
Maiscremesuppe mit Räucherlachs 48
Mangoldcremesuppe 46
Markklößchen 52
Paprika-Zucchini-Suppe 64
Porreesuppe 62
Reis-Möhren-Suppe mit Limonen . 68
Rote-Bete-Suppe mit Champignons 54
Schneckensuppe, badische 62
Steinpilz-Bouillon mit Ei 54
Szegediner Gulaschsuppe 56
Tomatensuppe mit Broccoli 58

Eintöpfe Seite 72 – 105

Afrikanischer Lammeintopf 96
Bauernsuppe 94
Bohnen, Birnen und Speck 102
Bohnensuppe, griechische 75
Bouillabaisse 100
Bunter Weißkohleintopf 86
Chinesische Hühnersuppe 98
Gemüseterrine mit Mettklößchen . 88
Graupentopf, ungarischer 81
Griechische Bohnensuppe 75
Hühnersuppe, chinesische 98
Kartoffel-Möhren-Eintopf 76
Kidney-Bohnentopf Nevada 74
Lamm-Gemüse-Eintopf 78
Lammpilaw 82
Lammtopf, afrikanischer 96
Minestrone 90
Putenpilaw 104
Reisfleisch 84
Tomatentopf mit Nudeln 91
Ungarischer Graupeneintopf . . . 81
Weißkohleintopf, bunter 86
Wurzel-Schicht-Suppe 80

Alphabetisches Register

A

Afrikanischer Lammeintopf 96
Aprikosen-Kaltschale 69
Auberginenauflauf 29

B

Badische Schneckensuppe 62
Bauernsuppe 94
Blumenkohlsuppe mit
Wurstscheiben 46
Bohnen, Birnen und Speck 102
Bohnensuppe, griechische 75
Bouillabaisse 100
Broccolicremesuppe mit Mandeln . 50
Broccoli-Souffle 24
Bunter Weißkohleintopf 86

C

Chinesische Hühnersuppe 98
Cremesuppe mit roten Linsen . . . 70

E

Erbsensuppe mit Hummerkrabben . 60

F

Feine Kräutersuppe 58
Feiner Hühnertopf 45
Fischauflauf mit Tomaten und
Käse 36
Fruchtiger Zwiebackauflauf 40

G

Gemüsesuppe mit Sprossen 44
Gemüseterrine mit Mettklößchen . 88
Griechische Bohnensuppe 75
Graupeneintopf, ungarischer . . . 81
Gulaschsuppe, Szegediner 56

H

Hackfleisch-Tomaten-Auflauf . . . 32
Hühnersuppe, chinesische 98
Hühnertopf, feiner 45

K

Käsekartoffeln mit Kräutern 33
Kartoffel-Möhren-Eintopf 76
Kartoffel-Zucchini-Auflauf 25
Kerbelsuppe 52
Kidney-Bohnentopf Nevada 74
Kirsch-Quark-Auflauf 38
Kräutersuppe, feine 58

L

Lamm-Gemüse-Eintopf 78
Lammpilaw 82
Lammtopf, afrikanischer 96
Lasagne Verde 18
Lebernockensuppe mit Gemüse . . 66

M

Maisauflauf 28
Maiscremesuppe mit
Räucherlachs 48
Makkaroniauflauf,
neapolitanischer 26
Mangoldcremesuppe 46
Markklößchen 52
Minestrone 90

Alphabetisches Register

N

Nudelauflauf 17

P

Paprika-Zucchini-Suppe 64
Porreesuppe 62
Putenpilaw 104

Q

Quarkpudding 20

R

Reisauflauf 22
Reisfleisch 84
Reis-Möhren-Suppe mit Limonen . 68
Rote-Bete-Suppe mit
Champignons 54

S

Schinken-Zwiebel-Auflauf 20
Schneckensuppe, badische 62
Steinpilz-Bouillon mit Ei 54
Szegediner Gulaschsuppe 56

T

Tomatensuppe mit Broccoli 58
Tomatentopf mit Nudeln 91

U

Ungarischer Graupeneintopf . . . 81

W

Weißkohleintopf, bunter 86
Wurzel-Schicht-Suppe 80

Z

Zwiebackauflauf, fruchtiger 40
Zucchini-Tomaten-Auflauf 16

LEISTUNGSFAHRPLAN

Die Rezepte in diesem Buch sind mit den nachfolgenden Leistungsstufen in Prozenten angegeben. Bei Geräten mit Watt-Angaben benutzen Sie die nachstehende Umrechungstabelle.

Wählen Sie bitte die nächsthöhere Leistungsstufe, wenn Sie die hier bzw. im Rezept angegebenen Werte nicht einstellen können.

500-Watt-Gerät

Volle Leistung:	100% =	500 Watt
Fortgarleistung:	60– 75% =	300–375 Watt
	40– 50% =	200–250 Watt

600-Watt-Gerät

Volle Leistung:	100% =	600 Watt
Fortgarleistung:	60– 75% =	360–450 Watt
	50– 60% =	300–360 Watt
	40– 50% =	240–300 Watt
	30– 40% =	180–240 Watt

650-Watt-Gerät

Volle Leistung:	100% =	650 Watt
Fortgarleistung:	60– 75% =	390–490 Watt
	50– 60% =	325–390 Watt
	40– 50% =	260–325 Watt
	30– 40% =	195–260 Watt

700-Watt-Gerät

Volle Leistung:	100% =	700 Watt
Fortgarleistung:	60– 75% =	420–525 Watt
	50– 60% =	350–420 Watt
	40– 50% =	280–350 Watt
	30– 40% =	210–280 Watt

750-Watt-Gerät

Volle Leistung:	100% =	750 Watt
Fortgarleistung:	60– 75% =	450–525 Watt
	50– 60% =	375–450 Watt
	40– 50% =	300–375 Watt
	30– 40% =	225–300 Watt

9